Ausführliches Verzeichnis der

Guttentag'schen Sammlung

Deutscher Reichs- und Preußischer Gesetze,

— Text-Ausgaben mit Anmerkungen; Taschenformat —

welche alle wichtigeren Gesetze in unbedingt zuverlässigen Gesetzestexten und in mustergültiger Weise erläutert enthält, befindet sich hinter dem Sachregister.

Guttentag'sche Sammlung
Nr. 39. Preußischer Gesetze. Nr. 39.
Text-Ausgaben mit Anmerkungen.

Gesetz
betreffend die Unterhaltung der öffentlichen Volksschulen.

Vom 28. Juli 1906.

Text-Ausgabe mit Anmerkungen und Sachregister

von

Dr. A. Marcks,
Regierungsrat.

Berlin 1906.
J. Guttentag, Verlagsbuchhandlung,
G. m. b. H.

Vorwort.

Bei dem regen Interesse, welches schon dem Entwurf des vorliegenden Gesetzes nicht nur aus parlamentarischen Kreisen, dem Beamtentum und der Lehrerschaft, sondern überhaupt aus den weitesten Kreisen der Bevölkerung entgegengebracht ist, und bei der einschneidenden Bedeutung, welche das Gesetz für das gesamte preußische Volksschulwesen hat, erschien die baldige Herausgabe eines eingehenden, aber tunlichst knapp gefaßten und das einschlägige Gesetzesmaterial — die Begründung sowie die Kommissions- und stenographischen Berichte beider Häuser des Landtages — berücksichtigenden Kommentars erwünscht, durch welchen das Eindringen in das Gesetz, welches, wie der Abgeordnete Pallaske in der Sitzung des Abgeordnetenhauses vom 26. Mai d. J. hervorhob, wie nicht viele andere in seinem ganzen Inhalte, in seiner Fassung und Struktur für die allgemeine Verständlichkeit große Schwierigkeiten bietet, nach Möglichkeit erleichtert wird. Trägt diese Bearbeitung ihrerseits hierzu bei, so hat sie ihren Zweck erfüllt.

Frankfurt a. O., im September 1906.

Dr. Marcks.

Inhaltsverzeichnis.

Abkürzungen.

Anm. = Anmerkung.

Begr. = Begründung des Entwurfs eines Gesetzes betreffend die Unterhaltung der öffentlichen Volksschulen (Drucksache Nr. 11, Haus der Abgeordneten, 20. Legislaturperiode, II. Session 1905/06).

BGB. = Bürgerliches Gesetzbuch.

KommBer. AH. = Bericht der XII. Kommission des Hauses der Abgeordneten über den Gesetzentwurf betreffend die Unterhaltung der öffentlichen Volksschulen, Drucksache Nr. 11.

KommBer. HH. = Bericht der XIV. Kommission des Herrenhauses für Vorberatung des Entwurfs eines Gesetzes, betreffend die Unterhaltung der öffentlichen Volksschulen, Nr. 129 der Drucksachen, Session 1905/06.

OVG. = Oberverwaltungsgericht.

PrVBl. = Preußisches Verwaltungsblatt.

StenBer. AH. = Stenographischer Bericht der Verhandlungen des Hauses der Abgeordneten, 20. Legislaturperiode, II. Session 1905/06.

StenBer. HH. = Stenographischer Bericht der Verhandlungen des Herrenhauses 1905/06.

ZBl. = Zentralblatt für die gesamte Unterrichtsverwaltung in Preußen.

Kurze geschichtliche Einleitung über die Entstehung des Schulunterhaltungsgesetzes.

Nach langwierigen parlamentarischen Verhandlungen, in deren Verlauf sein Schicksal mehr als einmal arg gefährdet schien, ist das Gesetz betreffend die Unterhaltung der öffentlichen Volksschulen in der von dem Abgeordnetenhaus gebilligten Fassung in der Sitzung des Herrenhauses vom 7. Juli d. J. angenommen, am 28. Juli 1906 Allerhöchst vollzogen und in der Nr. 35 der Gesetzsammlung S. 335 veröffentlicht worden.

Daß bei der bisherigen Verschiedenheit der gesetzlichen Bestimmungen und den vielfachen, immer in erhöhtem Maße hervorgetretenen Ungleichheiten und Härten auf dem Gebiete der Schulunterhaltung, die schließlich eine Gefahr für die Ziele der Volksschule selbst und für deren gedeihliche Fortentwicklung bedeuteten, der bisherige Rechtszustand dringend Abhilfe erheischte, wurde nicht nur vom Parlament und den Pflichtigen selbst wiederholt hervorgehoben, sondern insbesondere auch von der Staatsregierung seit langem anerkannt.

Dennoch sah sich diese bislang nicht in der Lage, das dem preußischen Volke durch den Artikel 26 der preußischen Verfassungsurkunde vom 31. Januar 1850 verheißene besondere, das gesamte Unterrichtswesen regelnde Gesetz zu verschaffen. Wiederholt ist man allerdings der Einlösung dieses Versprechens näher getreten. Im Laufe der Jahre wurde eine Anzahl diese Materie behandelnder Gesetzentwürfe im Kultusministerium ausgearbeitet; sie alle aber wurden dem Landtag aus verschiedenen Gründen zur Beschlußfassung nicht vorgelegt. Die Gesetzentwürfe der Kultusminister von Goßler und Graf Zedlitz von 1890 und 1892, welche, wenn auch voneinander in wesentlichen Punkten abweichend, übereinstimmend die allgemeine Regelung der öffentlichen Volksschule bezweckten, gelangten zwar an den Landtag, aber nicht zur Verabschiedung. Wohl wurde in den beiden letzten Jahrzehnten des vergangenen Jahrhunderts eine Reihe von für das Volksschulwesen von einschneidender Bedeutung gewesener Gesetze, von denen hier die Gesetze

betreffend die Pensionierung der Lehrer und Lehrerinnen an den öffentlichen Volksschulen vom 6. Juli 1885, betreffend die Feststellung von Anforderungen für Volksschulen vom 26. Mai 1887,

betreffend die Erleichterung der Volksschullasten vom $\frac{\text{14. Juni 1888}}{\text{31. März 1889}}$,

betreffend die Fürsorge für die Waisen der Lehrer an öffentlichen Volksschulen vom 27. Juli 1890,

betreffend die Ruhegehaltskassen für Lehrer und Lehrerinnen an öffentlichen Volksschulen vom 23. Juli 1893,

betreffend das Diensteinkommen der Lehrer und Lehrerinnen an den öffentlichen Volksschulen vom 3. März 1897,

betreffend die Fürsorge für die Witwen und Waisen der Lehrer an öffentlichen Volksschulen vom 4. Dezember 1899

erwähnt seien, erlassen. Aber der Versuch, ein einheitliches, wenigstens das gesamte Elementar-Unterrichtswesen regelndes Gesetz zustande zu bringen, wurde nicht wieder aufgenommen.

Da aber der Wunsch, wenigstens die Schulunterhaltung einheitlich zu regeln und sie auf eine sichere, zweifelsfreie Grundlage zu stellen, wiederholt und in immer dringenderer Form geäußert wurde, trat die Staatsregierung nunmehr bereitwilligst an die Aufgabe heran, die Vorschläge des ersten Teiles des in dem Abgeordnetenhause von den Abgeordneten D. Hackenberg, von Heydebrand und Freiherr von Zedlitz und Neukirch eingebrachten und in der Sitzung vom 13. Mai 1904 angenommenen Antrages — des sogenannten Kompromisses —:

„die Kgl. Staatsregierung aufzufordern, ohne Verzug, spätestens in der nächsten Tagung, einen Gesetzentwurf, betreffend die Unterhaltung der öffentlichen Volksschulen, auf folgender Grundlage vorzulegen:

1. Die Unterhaltung der öffentlichen Volksschulen liegt den bürgerlichen Gemeinden (Gutsbezirken) oder Verbänden solcher unter ergänzungsweiser Beteiligung des Staates an den Kosten ob;

2. In Ausführung des Art. 24 der Verfassung, wonach bei der Einrichtung der öffentlichen Volksschulen die konfessionellen Verhältnisse möglichst zu berücksichtigen sind, werden nachstehende Grundsätze festgelegt:

a) in der Regel sollen die Schüler einer Schule derselben Konfession angehören und von Lehrern ihrer Konfession unterrichtet werden,

b) Ausnahmen sind nur aus besonderen Gründen, insbesondere aus nationalen Rücksichten oder da, wo dies der historischen Entwicklung entspricht, zulässig. Lehrer, welche zur Erteilung des Religionsunterrichtes für konfessionelle Minoritäten an Schulen anderer Konfession angestellt sind, dürfen voll beschäftigt werden,

c) erreicht die Zahl der schulpflichtigen Kinder einer konfessionellen Minderheit eine angemessene Höhe, so hat diese Minderheit den Anspruch auf Einrichtung einer Schule ihrer Konfession,

d) es sind zur Verwaltung der Schulangelegenheiten neben den ordentlichen Gemeindebehörden in den Städten Schuldeputationen und auf dem Lande Schulvorstände einzurichten, bei denen der Kirche, der Gemeinde und den Lehrern eine angemessene Vertretung zu gewähren ist."

als Grundlage eines gesetzgeberischen Vorgehens auszugestalten. Dessen Ergebnis war der auf Grund der Allerhöchsten Ermächtigung vom 1. Dezember 1905 dem Abgeordnetenhause am 2. desselben Monats zur verfassungsmäßigen Beschlußnahme vorgelegte Entwurf eines Gesetzes betreffend die Unterhaltung der öffentlichen Volksschulen.

Der Entwurf sowohl wie das Gesetz selbst haben sich völlig in dem Rahmen des vorgenannten Kompromisses vom 13. Mai 1904 gehalten. Das Gesetz ordnet die Volksschulunterhaltung allgemein und gleichmäßig, die sonstigen Fragen des Volksschulwesens behandelt es entsprechend jenem Antrage nur insoweit, als sie mit dieser Regelung in einem notwendigen Zusammenhange stehen. Ausgeschlossen von dem Geltungsbereich des Gesetzes sind aus nationalpolitischen Rücksichten die Provinzen Westpreußen und Posen.

Das Gesetz gibt in 6 Abschnitten Bestimmungen über:

I. Die Träger der Schullast §§ 1—6.

II. Die Verteilung der Volksschullasten. Schulhaushalt. Baufonds. Staatsleistungen §§ 7—23.

III. Schulvermögen, Leistungen Dritter §§ 24 bis 32.

IV. Konfessionelle Verhältnisse §§ 33—42.

V. Verwaltung der Volksschulangelegenheiten und Lehreranstellung.

1. Stadtgemeinden §§ 43—45.
2. Landgemeinden und Gutsbezirke §§ 46 bis 48.
3. Gesamtschulverbände §§ 49—57.
4. Gemeinsame Bestimmungen (Lehrerberufung) §§ 58—62.

VI. Schluß- und Übergangsvorschriften §§ 63 bis 71.

Schließlich sei noch des Gesetzes vom 10. Juli 1906 betreffend die Abänderung des Artikels 26 und die Aufhebung des Artikels 112 der Verfassungsurkunde vom 31. Januar 1850 (GS. S. 333) Erwähnung getan. Dasselbe lautet:

§ 1.

Der Artikel 26 der Verfassungsurkunde vom 31. Januar 1850 erhält folgende Fassung:

Das Schul- und Unterrichtswesen ist durch Gesetz zu regeln. Bis zu anderweiter gesetzlicher Regelung verbleibt es hinsichtlich des Schul- und Unterrichtswesens bei dem geltenden Recht.

§ 2.

Der Artikel 112 der Verfassungsurkunde wird aufgehoben.

Hierzu sei bemerkt, daß, wie schon früher bei der Beratung verschiedener Teilgesetze auf dem Gebiete des Elementarunterrichtswesens, so auch bei den Beratungen über das Schulunterhaltungsgesetz im Hause der Abgeordneten von verschiedenen Seiten die Ansicht vertreten wurde, daß der Erlaß von Einzelgesetzen auf dem Gebiete des Unterrichtswesens der Verfassung widerspreche, da Artikel 26 der Verfassungsurkunde die gleichzeitige Regelung des gesamten Unterrichtswesens durch ein Gesetz vorsehe. Diese von der Staatsregierung allerdings nicht geteilten Bedenken führten schließlich zu der Annahme des als Initiativantrag eingebrachten Gesetzentwurfes über Änderung der Artikel 26 und 112 der Verfassungsurkunde.

Gesetz, betreffend

die Unterhaltung der öffentlichen Volksschulen vom 28. Juli 1906

(GS. S. 335).

Wir **Wilhelm**, von Gottes Gnaden König von Preußen rc., verordnen mit Zustimmung beider Häuser des Landtags Unserer Monarchie, was folgt:

Erster Abschnitt.

Träger der Schullast.*

§ 1.

Die Errichtung und Unterhaltung[1]) der öffentlichen Volksschulen[2]) liegt vorbehaltlich der besonderen Vorschriften dieses Gesetzes,[3]) insbesondere der darin geordneten Beteiligung des Staates[4]) an der Aufbringung der Kosten, den bürgerlichen Gemeinden und selbständigen Gutsbezirken[5]) ob.

Gemeinden (Gutsbezirke) bilden entweder einen eigenen Schulverband[6]) oder werden behufs Unterhaltung einer oder mehrerer Volksschulen zu einem gemeinsamen Schulverbande (Gesamtschulverbande)[7]) vereinigt.

Eine Gemeinde (Gutsbezirk) kann mehreren Gesamtschulverbänden angehören. Sie kann, auch wenn sie einen eigenen Schulverband bildet, zugleich einem oder mehreren Gesamtschulverbänden angehören.[8])

Gutsbezirke als Träger der Schullasten sowie Gesamtschulverbände haben die Rechte der Körperschaften des öffentlichen Rechtes.[9])

* Die für den Rechtszustand in den einzelnen Provinzen der Monarchie hinsichtlich der Schulunterhaltung bisher maßgebend gewesenen besonderen Bestimmungen sind in der Begründung S. 22—32, die allgemeinen Gesetze, durch welche jene fast durchweg für den ganzen Umfang der Monarchie ergänzt worden sind, daselbst auf S. 32—36 aufgeführt.

Danach standen sich innerhalb der Monarchie zwei Hauptgruppen gegenüber: die bürgerlichen Gemeinden und die Schulsozietäten (Schulgemeinden). Neben diesen konkurrierten bei der Schulunterhaltung in der allerverschiedensten Weise: Dominien, Gutsherren, Patrone, Besitzer adliger Güter, Grundherren usw. Dazu treten bei den mit kirchlichen Ämtern verbundenen, über die ganze Monarchie verteilten Stellen den Unterhaltungspflichtigen auch die kirchlichen Interessenten (Kirchenpatrone, Kirchengemeinden, Kirchenfonds usw.) hinzu. Außerdem finden sich insbesondere in Ost- und Westpreußen, Schlesien, den Städten der Provinz Pommern, in Sachsen, in dem ostrheinischen Teil des Regierungsbezirks Coblenz und in dem Regierungsbezirk Cassel noch viele von Kirchspielen und Parochien unterhaltene Kirchen-, Pfarr-, Parochialschulen. Auch öffentliche jüdische Volksschulen der Synagogengemeinden sind noch in größerer Zahl vorhanden.

Durch die Bestimmungen der §§ 1—6 ist das durch Art. 25 der Verfassung vorgeschriebene Prinzip der Kommunalisierung der Volksschulunterhaltung zur Durchführung gebracht.

[1]) Über den Umfang der Verpflichtung zur Errichtung und Unterhaltung der Volksschulen wird damit keine Bestimmung getroffen. Die dieserhalb bestehenden Verpflichtungen bleiben also unverändert.

[2]) Für den Begriff der öffentlichen Volksschule wird auf Ziffer 1 der Ausführungsanweisung vom 2. März 1886 (ZBl. S. 387) zum Lehrerpensionsgesetz vom 6. Juli 1885 verwiesen. „Öffentliche Volksschulen im Sinne des Gesetzes vom 6. Juli 1885 sind diejenigen Schulen, zu deren Benutzung einerseits für Eltern und deren Vertreter, die nicht anderweitig dafür gesorgt haben, daß die Kinder den für die öffentlichen Volksschulen vorgeschriebenen Unterricht erhalten, ein gesetzlicher Zwang (der gesetzliche Schulzwang) besteht, und zu deren Errichtung und Unterhaltung anderseits für Schulgemeinden, Schulsozietäten, Schulverbände, bürgerliche Gemeinden ꝛc. — je nach der Verschiedenheit der gesetzlichen Vorschriften in den einzelnen Landesteilen — eine allgemein gesetzliche Verpflichtung besteht."

[3]) Vgl. die Vorschriften in den §§ 28—32 und in § 40.

[4]) Vgl. §§ 17—23.

[5]) In Schleswig-Holstein sind nicht die Dorfschaften, sondern die Kirchspielgemeinden Träger der Schullasten, da erstere nur Abteilungen sind, die für einzelne Zwecke gebildet sind, zu denen aber die Schullasten nicht gehören. (KommBer. AH. S. 496).

[6]) Gegen den Ausdruck „Schulverband" wurden in der Kommission des Abgeordnetenhauses von einem Mitgliede insofern Bedenken erhoben, als es unlogisch

erscheine, daß die Gemeinde, die ein einheitliches Subjekt darstelle, als Verband bezeichnet werde; es wurde dafür die Einführung des Ausdruckes „Schulbezirk" empfohlen, von der Unterrichtsverwaltung aber widerraten, da dieser Ausdruck sich technisch eingebürgert habe für den Begriff „Schulbesuchsbezirk" (KommBer. AH. S. 7). — Nicht der Schulverband, sondern die Gemeinde (Gutsbezirk) ist als die Grundlage der Schulunterhaltungspflicht anzusehen. Träger der Volksschullasten sind also die bürgerlichen Gemeinden und selbständigen Gutsbezirke, die nebenbei als Schulverband bezeichnet werden. — Eine Gemeinde kann zwar einen eigenen Schulverband bilden, braucht aber deshalb noch keine eigene Schulanstalt zu besitzen. Es ist zulässig, daß sämtliche Kinder einer Gemeinde die Schule einer benachbarten Gemeinde gastweise besuchen (§ 5).

[7]) Die Gesamtschulverbände kennzeichnen sich als Zweckverbände im Sinne des § 131 der Gemeindeordnung vom 11. März 1850; trotzdem bleiben die einzelnen zu denselben gehörigen Gemeinden Träger der Schullast (KommBer. AH. S. 14).

[8]) Eine Zerreißung der Gemeinde darf nicht erfolgen. Wohl aber kann sie, aber nur im ganzen, auch mit einem Teil der Schulkinder mehreren Gesamtschulverbänden zugeteilt werden. Sowohl räumliche wie konfessionelle Rücksichten können für die Zuweisung maßgebend sein. Unterhaltungspflichtig bleibt aber immer die geschlossene Gemeinde als solche (KommBer. AH. S. 12 ff.).

[9]) Absatz 4 gibt den Gesamtschulverbänden die für die Verwaltung ihrer öffentlichen Angelegenheiten notwendigen Rechte von Körperschaften des öffentlichen Rechts. Diese Maßregel ist auch für die Gutsbezirke notwendig, soweit sie als Träger der Schullast erscheinen. Die Kommunalgesetzgebung (z. B. Landgemeindeordnung vom 3. Juli 1891 für die sieben östlichen Provinzen §§ 122 ff.) zieht für den Bereich eines selbständigen Gutsbezirkes den

Besitzer zu den Pflichten und Leistungen heran, welche den Gemeinden im öffentlichen Interesse obliegen, trifft aber keine Bestimmung über die rechtliche Natur der in Ausübung dieser Pflicht getroffenen Veranstaltungen, insbesondere über das Eigentum an den betreffenden Vermögensstücken. Dies ist aber notwendig bei der Übernahme der Schullast durch die Gutsbezirke, weil das Eigentum an der Schule nicht auf den Besitzer des Gutes übergehen und den Schicksalen des Gutes folgen kann. Um hier die dauernde Sicherstellung der Anstalt zu erreichen, ist es notwendig, dem Gutsbezirke als solchem, soweit er Träger der Schullast ist, die Rechte einer Körperschaft des öffentlichen Rechts zu gewähren. Das Schulvermögen erhält damit den Charakter des Körperschaftsvermögens und so einen dauernden Bestand. Die Grundstücke erhalten ein besonderes Grundbuchblatt (Begr. S. 50).

§ 2.

Jede Stadt[1]) bildet in der Regel[2]) einen eigenen Schulverband. Stadtgemeinden mit mehr als fünfundzwanzig Schulstellen können mit anderen Gemeinden oder Gutsbezirken nur unter Zustimmung aller Beteiligten (Gemeinden, Gutsbezirke) zu einem Gesamtschulverbande vereinigt werden.[3])

[1]) Unter Städten sind nach der Begründung S. 50 bis 51 nur die im Kommunalbeamtengesetz vom 30. Juli 1899 (GS. S. 141) § 16 genannten zu verstehen, d. h. diejenigen Städte, welche nach einer Städteordnung verwaltet werden, einschließlich der in § 1 Absatz 2 der Städteordnung für die sechs östlichen Provinzen vom 30. Mai 1853 (GS. S. 261) und der in §§ 94 ff. des Gesetzes betreffend die Verfassung und Verwaltung der Städte und Flecken in der Provinz Schleswig-Holstein

vom 14. April 1869 (GS. S. 589) erwähnten Ortschaften und Flecken. — Es fallen aber auch die Städte in den Hohenzollernschen Landen unter diese Bestimmung, wenngleich dort das Kommunalbeamtengesetz keine Gültigkeit besitzt (KommBer. AH. S. 19).

[2]) Da sich das städtische Schulwesen überall nicht nur in der äußeren Ausgestaltung des Volksschulwesens und in seiner Verbindung mit dem Fortbildungs- und Mittelschulwesen, sondern auch in der Art seiner Verwaltung eigenartig entwickelt hat, so empfiehlt es sich in der Regel nicht, Städte mit ländlichen Ortschaften für die Übernahme und Verwaltung der Volksschule zu einem neuen kommunalen Körper zu vereinigen, vielmehr scheint gegebenenfalls die gastweise Zuweisung der Schulkinder aus einer benachbarten ländlichen Gemeinde in die städtische Schule zweckmäßig. Wo nach den besonderen Verhältnissen solche nicht ausführbar erscheint oder historisch gewordene Verhältnisse aufrecht zu erhalten sind, empfiehlt es sich, einen Gesamtschulverband zu bilden (Begr. S. 51).

Im Jahre 1905 bildeten in 434 Fällen Städte mit Landgemeinden einen Schulverband.

[3]) Die Einschaltung des zweiten Satzes des § 2 ist mit Rücksicht auf die größeren Städte, welche ihr Schulwesen ohne eine gesetzlich festgelegte finanzielle Beihilfe des Staates verwalten, infolge eines Beschlusses der Kommission des Herrenhauses erfolgt (KommBer. HH. S. 121).

§ 3.

Über die Bildung, Änderung und Auflösung der Gesamtschulverbände beschließt bei Zustimmung der Beteiligten (Gemeinden, Gutsbezirke) nach Anhörung des Kreisausschusses, sofern eine Stadt beteiligt ist, des Bezirksausschusses die Schulaufsichtsbehörde.[1]) Bei Widerspruch von Beteiligten (Gemeinden, Gutsbezirken) kann auf Antrag der Schulaufsichtsbehörde die Zustimmung durch Beschluß des Kreisausschusses, sofern eine Stadt beteiligt ist, des Bezirksausschusses ergänzt werden.

Gegen den Beschluß des Kreisausschusses oder des Bezirksausschusses steht der Schulaufsichtsbehörde und den Beteiligten binnen zwei Wochen die Beschwerde an den Provinzialrat[2]) zu.

[1]) Bei Zustimmung der Beteiligten zu dem ihnen von der Schulaufsichtsbehörde vorzulegenden Plane bleibt es dieser überlassen, welche Bedeutung sie dem Gutachten des Kreisausschusses bzw. des Bezirksausschusses beilegen will.

[2]) Für die Hohenzollernschen Lande entscheidet an Stelle des Provinzialrats der Unterrichtsminister gemäß § 5 des Landesverwaltungsgesetzes. Diese in dem Entwurf enthaltene Bestimmung ist infolge eines Beschlusses der Kommission des Abgeordnetenhauses (KommBer. S. 497) als selbstverständlich und daher überflüssig gestrichen worden.

Ein Antrag eines Mitgliedes der Kommission des Abgeordnetenhauses, dann, wenn die Stadt Berlin beteiligt sei, den Beteiligten gegen den Beschluß des Bezirksausschusses binnen zwei Wochen die Klage beim Oberverwaltungsgericht zuzugestehen, wurde abgelehnt, nachdem ein Vertreter der Unterrichtsverwaltung die Erklärung abgegeben, er halte es für gänzlich ausgeschlossen, daß die Unterrichtsverwaltung jemals Berlin mit einer Nachbargemeinde zu einem Gesamtschulverbande vereinigen werde (KommBer. AH. S. 497).

§ 4.

Über die Vermögensauseinandersetzung,[1]) welche infolge der Bildung, Änderung oder Auflösung der Schulverbände notwendig wird, beschließt die Schulaufsichtsbehörde. Gegen deren Beschluß steht den Beteiligten gegeneinander innerhalb zwei Wochen die Klage im Verwaltungsstreitverfahren beim Bezirksausschusse zu.[2])

[1]) Dieser Paragraph ordnet die Auseinandersetzung bezüglich des Vermögens — einschließlich der Schulden — bei der Bildung, Veränderung und Auflösung der Schulverbände im Anschluß an die für ähnliche Verhältnisse getroffenen Vorschriften (z. B. Landgemeindeordnung vom 3. Juli 1891 § 130). Selbstverständlich kann dabei keine Teilung des seiner Natur nach für einen bestimmten Ort vorhandenen Vermögens (Schulhaus, Dienstland, Schuldotation usw.) gefordert, sondern höchstens eine Abfindung verlangt werden, aber auch diese nur, sofern nach den Umständen des Falles eine Entschädigung angemessen erscheint. Ebenso steht es mit der Teilung der Schulden; auch hier muß ein billiges Ermessen walten (Begr. S. 51).

[2]) Durch das Auseinandersetzungsverfahren werden irgendwelche Eigentumsrechte nicht berührt. Diese sind gegebenenfalls im ordentlichen Rechtswege geltend zu machen. Soweit öffentliches Recht in Frage kommt, sind die Verwaltungsgerichte zuständig (KommBer. AH. S. 498).

§ 5.

Die Schulaufsichtsbehörde kann nach Anhörung der beteiligten Schulverbände Schulkinder eines Schulverbandes gastweise der Schule eines anderen zuweisen,[1]) sofern dieser dadurch nicht zur Beschaffung weiterer Schulräume oder zur Vermehrung der Lehrkräfte genötigt wird.[2])

In gleicher Weise und mit dem gleichen Vorbehalte kann aus erheblichen Gründen die gastweise Zuweisung auch für einzelne Unterrichtsfächer[3]) erfolgen.

Gegen den Beschluß der Schulaufsichtsbehörde steht den beteiligten Schulverbänden binnen zwei Wochen die Beschwerde an den Oberpräsidenten[4]) zu, der endgültig entscheidet.

Die Vergütung für den gastweisen Besuch ist von dem Schulverband, aus welchem die Zuweisung erfolgt, zu zahlen. Die Vergütung wird mangels einer Vereinbarung der Schulverbände durch den Kreisausschuß, sofern eine Stadt beteiligt ist, den Bezirksausschuß festgestellt. Gegen den Feststellungsbeschluß findet binnen zwei Wochen die Beschwerde an den Provinzialrat statt. Soweit die Stadt Berlin beteiligt ist, trifft die Schulaufsichtsbehörde die Feststellung. Gegen deren Entscheidung findet binnen zwei Wochen die Klage im Verwaltungsstreitverfahren beim Oberverwaltungsgerichte statt. Bei der Festsetzung sind einerseits die durch die Zuweisung der Gastschulkinder entstehenden Mehrkosten des einen, andererseits die Ersparnisse des anderen Schulverbandes in Betracht zu ziehen.[5])

Bei einer erheblichen Veränderung der Verhältnisse können die Schulverbände mit einjähriger, nur für den Schluß des Etatsjahrs zulässiger Kündigung von der Vereinbarung zurücktreten. Unter den gleichen Voraussetzungen kann der Gastschulbeitrag in dem im vorigen Absatze bezeichneten Verfahren anderweit festgestellt werden.

In geeigneten Fällen kann von der Schulaufsichtsbehörde eine Beteiligung des Schulverbandes, aus welchem Kinder gastweise einer anderen Schule zugewiesen sind, an der Verwaltung dieser Schule in der Weise angeordnet werden, daß der Vorstand des ersteren ein Mitglied mit beratender Stimme[6]) in den Schulvorstand (Schuldeputation) entsendet.[7])

[1]) Eine gastweise Zuweisung wird nur für Ausnahmefälle in Aussicht zu nehmen sein, z. B. wenn ein Schulgebäude niederbrennt, wenn Erkrankungen in der Lehrerschaft vorkommen oder schließlich auch, wenn es sich nur um wenige Kinder von Ausgebauten u. dgl. handelt. Wenn dauernd die Notwendigkeit vorliegt, die Kinder einer Gemeinde in großer Zahl in die Schule einer anderen zu schicken, so wird ein Gesamtschulverband zu bilden sein (Begr. S. 25).

Auch die Zuweisung über den Kreis hinaus, die oft durch die örtlichen Verhältnisse geboten sein kann, ist zulässig.

[2]) Der Zusatz von „sofern" ab ist infolge eines Beschlusses der Kommission des Abgeordnetenhauses (Bericht S. 31/32) aufgenommen, um der Zuweisungsbefugnis eine einschränkende Grenze zu errichten und um eine auf die Dauer unerträgliche Belastung der betreffenden Schul-

verbände zu verhüten. Selbstverständlich können die durch die Zuweisung den betreffenden Schulverbänden entstehenden Mehrkosten diesen nur nach Maßgabe des Gesetzes vom 26. Mai 1887 betreffend die Feststellung von Anforderungen für Volksschulen auferlegt werden.

3) z. B. für den Turn- und Religionsunterricht.

4) Die Beschwerde an den Oberpräsidenten hat aufschiebende Wirkung; die Frist von zwei Wochen ist nach den für das Verwaltungsstreitverfahren geltenden Grundsätzen zu berechnen (KommBer. AH. S. 499).

5) Denn es wäre höchst unbillig, wenn man die Gemeinde, aus der die Gastkinder zugewiesen werden, zu den Gesamtunkosten der Schule gar nicht heranziehen, sondern ihr nur die direkt erwachsenen Mehrkosten auferlegen wollte (KommBer. AH. S. 31).

6) Dieser Zusatz beruht auf einem Beschluß der Kommission des Abgeordnetenhauses (Ber. S. 27/28). Es wurde befürchtet, es könnte sonst leicht der gastfreie Schulverband in seinem Hausrecht und seinen Entschließungen beschränkt werden, namentlich wenn mehrere Gemeinden einem Schulverbande zugewiesen würden und dann eine Mehrzahl von Vertretern solcher gastweise zugewiesenen Gemeinden in einer Schuldeputation sitzen würde. An sich erscheint die Befürchtung nicht begründet, da die gastweise Zuweisung nie einen großen Umfang annehmen wird (vgl. Anm. 1).

7) Wegen des Ausschlusses dieses Mitgliedes siehe § 44 IV Abs. 2.

§ 6.

Der Schulverband kann für den Besuch der Schule durch nicht einheimische Kinder ein Fremdenschulgeld 1) verlangen.

Als einheimisch gelten Kinder, welche reichsangehörig 2) sind und im Schulverband oder im

Gastschulbezirke (§ 5) entweder an dem Wohnorte dessen, welchem die Sorge für die Person des Kindes obliegt oder oblag,[3]) wohnen oder von Privatpersonen unentgeltlich in Pflege und Kost genommen sind.[4]) Das Fremdenschulgeld darf den im Durchschnitte der drei letzten Rechnungsjahre auf jedes Schulkind entfallenden Betrag der dem Schulverband erwachsenen Schulunterhaltungskosten nicht übersteigen.

Die Feststellung der Schulgeldsätze unterliegt der Genehmigung der Schulaufsichtsbehörde.

Gegen die Versagung der Genehmigung steht der Gemeinde binnen zwei Wochen die Beschwerde an den Provinzialrat zu.

Auf Beschwerden und Einsprüche, betreffend die Heranziehung oder Veranlagung zu dem Fremdenschulgelde, finden die bezüglich der Heranziehung und Veranlagung zu den Gemeindeabgaben geltenden gesetzlichen Vorschriften Anwendung.[5])

[1]) Das Gesetz vom 14. Juni 1888 § 4 Nr. 1 (GS. S. 240) läßt das Fremdenschulgeld unberührt. Zur Zahlung sind die Eltern oder die sonstigen gesetzlichen Vertreter der betreffenden Kinder verpflichtet.

[2]) Einheimisch aber nicht reichsangehörig sind Kinder von im Inlande wohnenden Ausländern. Solche Kinder muß die Gemeinde zwar in der Volksschule aufnehmen, damit sie nicht ohne Schulunterricht und ohne religiöse Fürsorge bleiben. Solche Kinder haben aber, da die preußische Volksschule zur Durchführung des Schulzwanges

für preußische Kinder bestimmt ist, keinen Anspruch gleich den einheimischen reichsangehörigen Kindern behandelt zu werden. Von solchen kann also Fremdenschulgeld erhoben werden (KommBer. AH. S. 500).

[3]) Die Persönlichkeit, welcher die Sorge für die Person des Kindes obliegt, bestimmt sich nach dem Bürgerlichen Gesetzbuch.

[4]) Kinder, welche in Waisenhäusern oder ähnlichen Anstalten (Erziehungs-, Verpflegungs-, Kommunikanten-, Rettungsanstalten usw.), sei es entgeltlich, sei es unentgeltlich, untergebracht sind, gelten als nicht einheimisch. Damit ist also auch die Heranziehung der fürsorgepflichtigen öffentlichen Verbände (Armenverbände) ermöglicht. Dagegen erschien es angezeigt, Kinder, die im Wege der freien Liebestätigkeit untergebracht sind, von der Bezahlung des Fremdenschulgeldes frei zu lassen (KommBer. HH. S. 122).

[5]) § 69 des Kommunalabgabengesetzes vom 14. Juli 1893 und § 34 des Zuständigkeitsgesetzes vom 4. August 1883.

Zweiter Abschnitt.

Verteilung der Volksschullasten. Schulhaushalt. Baufonds. Staatsleistungen.

§ 7.

In den Gemeinden werden die Schullasten als Gemeindelast [1]) aufgebracht.

Die Verpflichtung der nach § 40 Abs. 1 Nr. 1 und Abs. 3 sowie § 41 des Kommunalabgabengesetzes vom 14. Juli 1893 (Gesetz-Samml. S. 152) von der Gemeindeeinkommensteuer befreiten Personen,[2]) zu den Volksschullasten beizutragen, wird durch Gesetz geregelt.[3])

[1]) Gemäß den Vorschriften der §§ 10ff. des Kommunalabgabengesetzes vom 14. Juli 1893. Wenn durch Privilegien (z. B. der Beamten, Lehrer) unbillige Verschiebungen eintreten, so kann der Ausgleichsfonds (§ 20) unter Umständen je nach Lage des einzelnen Falles zur Entlastung herangezogen werden (StenBer. AH. S. 5066).

[2]) Es bestimmt das Kommunalabgabengesetz in

a) § 40:

Von der Gemeindeeinkommensteuer sind befreit:
1. Die Mitglieder des Königlichen Hauses und des hohenzollernschen Fürstenhauses,

Abs. 3: Die bestehenden gesetzlichen Bestimmungen, gemäß welchen Standesherren und deren Familien von Gemeindelasten befreit sind, bleiben — unbeschadet der Vorschriften in den §§ 21, 22 des gegenwärtigen Gesetzes — unberührt.

b) § 41:

Die Heranziehung der unmittelbaren und mittelbaren Staatsbeamten, Beamten des Königlichen Hofes, der Geistlichen, Kirchendiener und Elementarschullehrer, sowie der Witwen und Waisen dieser Personen zu Einkommen- und Aufwandssteuern (§ 23) wird durch besonderes Gesetz geregelt. Bis zum Erlasse dieses Gesetzes kommen die Bestimmungen der Verordnung, betreffend die Heranziehung der Staatsdiener zu den Kommunalauflagen in den neuerworbenen Landesteilen, vom 23. September 1867 (GS. S. 1648) mit der Maßgabe zur Anwendung, daß das notwendige Domizil außer Berücksichtigung bleibt.

Bezüglich der Standesherren hat das Oberverwaltungsgericht Bd. XXIV S. 111 und Bd. XXXV S. 139 entschieden, daß sie nicht in den Gemeinden, in denen sie als Forensen beteiligt sind, sondern nur in denen, in welchen sie ihren Wohnsitz haben, gemeindeeinkommensteuerfrei sind. Vgl. auch Nöll, Kommunalabgabengesetz, 5. Aufl. S. 169 Anm. 7.

[3]) „Als eine unerwünschte Folge der Annahme des Kommunalprinzips wurde von allen Seiten bezeichnet, daß das Kommunalsteuerprivileg die Königlichen Prinzen, die Standesherren, die Beamten und Militärpersonen, Geistlichen und Lehrer auf Kosten der Gemeinden ganz oder teilweise von den Beiträgen entlaste, die sie an die Schulsozietäten zu entrichten hätten. Es wurde der Wunsch geäußert, daß die Königliche Staatsregierung ihr bei Gelegenheit der Beratungen des Kommunalabgabengesetzes gegebenes Versprechen einlöse und Vorschläge zur Beseitigung dieser wenig zeitgemäßen Exemtionen mache." (KommBer. AH. S. 54).

§ 8.

In den Gutsbezirken werden die Schullasten vom Gutsbesitzer getragen.[1])

Steht ein Gutsbezirk nicht ausschließlich im Eigentume des Gutsbesitzers oder steht innerhalb des Gutsbezirkes einer anderen Person als dem Gutsbesitzer ein Erbbaurecht[2]) zu oder wohnen im Gutsbezirke Steuerpflichtige, die nicht in einem Lohn- oder Dienstverhältnisse zum Gutsbesitzer stehen,[3]) so sind auf dessen Antrag die Schullasten mit der Maßgabe unterzuverteilen, daß die Beitragspflicht und das Verfahren den Vorschriften des

Kommunalabgabengesetzes vom 14. Juli 1893 (Gesetz-Samml. S. 152) angepaßt wird. Die näheren Vorschriften hierüber sind durch ein Statut[4]) zu treffen, welches nach Anhörung der Beteiligten vom Kreisausschusse zu erlassen ist und der Bestätigung durch den Bezirksausschuß bedarf.

Auf Antrag des Gutsbesitzers ist das Statut wieder aufzuheben.

[1]) Diese Vorschrift ist eine Konsequenz der Bestimmung des § 1. Sie ist in Anlehnung an die Kommunalgesetzgebung getroffen, vgl. §§ 122 ff. der Landgemeindeordnung vom 3. Juli 1891. Danach ist für den Bereich eines selbständigen Gutsbezirks der Besitzer des Gutes zu den Pflichten und Leistungen, welche den Gemeinden für den Bereich ihres Gemeindebezirks im öffentlichen Interesse gesetzlich obliegen, im allgemeinen verbunden. Abgesehen von den Kreisabgaben kennt das Gesetz ein Recht der Unterverteilung bezüglich der Kommunallasten der Gutsbezirke nur in Beziehung auf die Kriegsleistungen (§ 6 in Verbindung mit § 8 des RG. über die Kriegsleistungen vom 13. Juni 1873, RGBl. S. 129) und in Beziehung auf die Kosten der Armenpflege in den Fällen der §§ 8 ff. des Preuß. Ausführungsgesetzes vom 8. März 1871 (GS. S. 130).

[2]) Erbbaurecht ist nach § 1012 BGB. das veräußerliche und vererbliche Recht eines Dritten, auf einem Grundstück über oder unter der Oberfläche ein Bauwerk zu haben.

Der Zusatz bezüglich des Erbbaurechtes ist auf Grund eines Beschlusses der Kommission des Abgeordnetenhauses (Ber. S. 58) in das Gesetz aufgenommen, indem davon ausgegangen wurde, daß eine Beteiligung Dritter, als Inhaber von Rechten am Grund und Boden, an den

Schullasten erwünscht sei, zumal häufig solche Erbbaurechte zu gewerblichen Etablissements bedeutenden Umfanges ausgestaltet wären, die infolge ihrer großen Arbeiterzahl die Schullasten erheblich steigerten.

Eine Anfrage eines Mitgliedes der genannten Kommission, ob die Pächter, welche zur Übernahme der öffentlichen Abgaben vertraglich nicht verpflichtet wären, in Zukunft auch die Schulabgaben zu tragen haben würden, wurde regierungsseitig dahin beantwortet, daß eine Regelung des Vertragsverhältnisses zwischen Eigentümern und Pächtern im Rahmen dieses Gesetzes, das lediglich öffentlich-rechtliche Ziele verfolge, nicht vorgenommen werden könne.

Baugenossenschaften, die unter Benutzung eines Erbbaurechts in Gutsbezirken Wohnungen errichten, werden nach Maßgabe des Kommunalabgabengesetzes besteuert; soweit dieses eine solche Besteuerung in den Gemeinden zuläßt, ist sie auch nach dem Schulgesetze zulässig (vgl. StenBer. AH. S. 5071) siehe auch Anm. 3.

[3]) Es würde unbillig sein, wenn der Gutsbesitzer, der nicht nur nach dem Verhältnis der von ihm selbst gezahlten Steuern, sondern auch nach der Steuer sämtlicher im Gutsbezirk wohnenden Personen seinen Anteil an den Ausgaben des Gesamtschulverbandes zu zahlen hat, auch für Personen, die nicht in seinem Dienst oder Lohn stehen, und die recht häufig erhebliche Steuern zu zahlen haben, — d. h. sowohl physische wie juristische Personen, z. B. Fabrik- und Bergwerksbesitzer auf der einen, Aktiengesellschaften, Fiskus (hinsichtlich seiner dortigen Betriebsstätten) usw. auf der anderen Seite — diese Last übernehmen sollte.

Werden die Schullasten demgemäß unterverteilt, so hat sich die Unterverteilung auf alle Steuerpflichtigen, die nach dem Kommunalabgabengesetz zur Steuer herangezogen worden sind, also auch auf die im Lohn- und Dienstverhältnis stehenden Arbeiter zu erstrecken (Komm.-

Ber. AH. S. 500, StenBer. AH. S. 5057, StenBer. HH. S. 474).

[4]) Die statutarische Regelung ist im Anschluß an das für die Armenlasten geltende Recht (§ 8 des Gesetzes vom 8. März 1871 GS. S. 130) nach Maßgabe der besonderen Verhältnisse zugelassen.

§ 9.

In Gesamtschulverbänden erfolgt die Verteilung der Schulunterhaltungslasten[1]) auf die den Verband bildenden Kommunalverbände zur einen Hälfte nach Verhältnis der Zahl der die Schule des Gesamtschulverbandes aus den Gemeinden (Gutsbezirken) besuchenden Kinder, zur anderen Hälfte nach dem Verhältnisse des Steuersolls[2]) dieser Gemeinden (Gutsbezirke), welches der Kreisbesteuerung zu Grunde zu legen ist, wobei indessen die Grund- und Gebäudesteuer nur zur Hälfte ihrer umlagefähigen Höhe[3]) und die fingierten Normalsteuersätze voll zur Anrechnung kommen.[4]) [5])

Gehört eine Gemeinde (Gutsbezirk) zu mehreren Gesamtschulverbänden, so sind in ihr die Steuern nach den Vorschriften des Abs. 1 für jeden Gesamtschulverband nur nach Verhältnis der Kinderzahl, welche aus der Gemeinde (Gutsbezirk) dessen Schule besucht, zur Gesamtzahl der aus der Gemeinde (Gutsbezirk) öffentliche Volksschulen überhaupt besuchenden Kinder in Anrechnung zu bringen.[6])

Die Zahl der Kinder wird für die Verteilung nach Abs. 1 und 2 nach dem Durchschnitte der am 1. Mai und 1. November der letzten drei Jahre die Volksschule besuchenden Kinder berechnet. Die Feststellung der Verhältniszahl erfolgt für drei aufeinanderfolgende Rechnungsjahre.

Die Vorschriften des Abs. 2 finden sinngemäß Anwendung, wenn eine Gemeinde (Gutsbezirk), welche für sich einen Schulverband bildet, gleichzeitig zu einem Gesamtschulverbande gehört.

Der Kreisausschuß, sofern eine Stadt beteiligt ist, der Bezirksausschuß kann in Fällen des Abs. 1 mit Zustimmung der Beteiligten, in den übrigen Fällen auf Antrag von Beteiligten eine anderweite Verteilung beschließen. Die mangelnde Zustimmung Beteiligter in Fällen des Abs. 1 kann auf Antrag anderer Beteiligter oder der Schulaufsichtsbehörde durch den Kreisausschuß, wenn eine Stadt beteiligt ist, den Bezirksausschuß ergänzt werden; durch diese Ergänzung darf der Grundsatz, daß die Verteilung der Schulunterhaltungslasten nach der Kinderzahl einerseits und nach dem Steuersoll andererseits erfolgen soll, nicht ausgeschlossen werden.[7])

[1]) Durch den Verbandsvorsteher gemäß § 54.

[2]) Das Steuersoll, welches nach dem Kreis- und Provinzialabgabengesetz den Kreisabgaben zu Grunde liegt, gilt auch hier. Es ist dies das Steuersoll des vorigen Jahres; man hat daher am 1. April jedes Jahres einen

vollkommen feststehenden Betrag. (Erklärung des Vertreters des Ministeriums des Innern in der Kommission des Herrenhauses Ber. S. 29).

[3]) Es soll dadurch eine übermäßige Belastung des Grundbesitzes vermieden werden (Begr. S. 53).

[4]) Für die Oberverteilung der Schulabgaben auf die zu einem Gesamtschulverbande gehörigen Gemeinden und Gutsbezirke ist ein Maßstab gewählt worden, welcher einerseits die Leistungsfähigkeit — ausgedrückt in dem Steueraufkommen — andererseits das Interesse an der Schule nach dem Grundsatze der Leistung und Gegenleistung — ausgedrückt durch die Kinderzahl — berücksichtigt (KommBer. AH. S. 61).

[5]) Zur Erläuterung diene folgendes Beispiel:

Der Gesamtschulverband X besteht aus den Gemeinden bzw. Gutsbezirken A, B, C. Die Gesamtschullasten betragen 6000 M. A hat ein Steuersoll von 4000 M., B ein solches von 5000 M., C von 3000 M. Die Anzahl der Kinder aus A beträgt 40, aus B 50, aus C 10. Von dem Gesamtbetrag der Schullasten werden auf die einzelnen Kommunen 3000 M. nach dem Steuersoll und 3000 M. nach der Kinderzahl verteilt. Es entfallen demnach von dem nach dem Steuersoll zu verteilenden Betrage von 3000 M. auf A = 1000 M., auf B = 1250 M. und auf C = 750 M., von dem nach der Kinderzahl zu verteilenden Betrage von 3000 M. auf A = 1200 M., auf B = 1500 M., auf C = 300 M. Es stellt sich demnach die Gesamtbelastung mit Schulabgaben von A auf 2200 M., von B auf 2750 M. und von C auf 1050 M.

[6]) Die Bestimmung des Absatz 2 stellt die Teile des Steuersolls einer zu mehreren Gesamtschulverbänden gehörigen Gemeinde fest, welche zu den verschiedenen Gesamtschulverbänden herangezogen werden können.

Gehört nach dem in Anm. 5 angezogenen Beispiel die Gemeinde C außer zu dem Gesamtschulverbande X (mit 10 Kindern) auch noch zu dem Gesamtschulverbande Y, und zwar mit 20 Kindern, so hat sie bei dem Gesamtschulverbande X mit 1/3 = 1000 M., bei Y mit 2/3 = 2000 M. ihres Steuersolls beizusteuern.

[7] Von der grundsätzlichen Verteilung nach dem Steueraufkommen und der Kinderzahl soll nicht ohne Zustimmung der beteiligten Gemeinden und Gutsbezirke abgewichen werden können, weil sonst auf Antrag einzelner Beteiligter ein Kreisausschuß in zu weitgehender Weise von den festgelegten Grundsätzen abweichen könnte. Andererseits ist jedoch die Möglichkeit offen gehalten worden, einen anderweiten Maßstab einzuführen bzw. aufrecht zu erhalten, wo ein solcher bisher in Geltung war und sich bewährt hat, oder wo der allgemeine Maßstab zu ungerechtfertigten Härten gegen einzelne Beteiligte führt. Bilden z. B. zwei Gutsbezirke einen Gesamtschulverband und arbeitet der eine Gutsbesitzer mit einer größeren Zahl angesessener verheirateter Instleute, während der andere mit Polen und Russen arbeiten muß, die im großen ganzen nicht viele Kinder mitbringen, so würde, falls nicht ein anderweiter Maßstab eingeführt werden könnte, der erste Gutsbesitzer, der vielleicht für seine Arbeiter große Opfer bringt, um sich diesen Stamm zu erhalten, als Besitzer des Gutsbezirkes benachteiligt gegenüber jenem Besitzer, der nur mit Russen und Polen arbeitet. Weiter: Viele Güter liegen im unmittelbaren Zusammenhange mit einer Stadt. Die Arbeiter dieser Güter wohnen zum großen Teil in der kleinen benachbarten Landstadt; für ihre Kinder müßte also, wenn die Einführung eines anderweiten Maßstabes ausgeschlossen wäre, diese Gemeinde bezüglich der Schullasten aufkommen (KommBer. AH. S. 61 u. 62).

§ 10.

Die Vorschriften des § 53 des Kommunalabgabengesetzes vom 14. Juli 1893 (Gesetz-Samml.

S. 152) finden, insoweit Mehrausgaben für Zwecke des öffentlichen Volksschulwesens in Betracht kommen, zu Gunsten der Gutsbezirke entsprechende Anwendung.[1] [2]

[1]) Da durch das gegenwärtige Gesetz die Gutsbezirke hinsichtlich der Schulunterhaltungspflicht den Gemeinden gleichgestellt sind, so entsprach es der Gerechtigkeit, die den Gemeinden durch § 53 des Kommunalabgabengesetzes verliehenen Rechte auf die Gutsbezirke auszudehnen.

[2]) Die Beratungen in der Kommission des Abgeordnetenhauses, in denen darauf hingewiesen wurde, daß der § 53 des Kommunalabgabengesetzes dringend der Verbesserung und Erweiterung bedürfe, haben zu einem Initiativantrag des Abg. Frhr. von Zedlitz und Genossen auf Abänderung der Bestimmungen des § 53 des Kommunalabgabengesetzes geführt. Hieraus ist das Gesetz zur Abänderung des Kommunalabgabengesetzes vom 14. Juli 1893 (GS. S. 152) vom 24. Juli 1906 (GS. S. 377) hervorgegangen. Es lautet:

Artikel I.

§ 53 des Kommunalabgabengesetzes vom 14. Juli 1893 (GS. S. 152) erhält folgende Fassung:

Wenn in einer Gemeinde durch Personen, die in einer anderen Gemeinde im Betriebe von Berg-, Hütten- oder Salzwerken, Steinbrüchen, Ziegeleien, Fabriken oder Eisenbahnen beschäftigt werden und dieser Beschäftigung wegen in der ersteren zugezogen oder verblieben sind, nachweisbar Mehrausgaben für Zwecke des öffentlichen Volksschulwesens oder der öffentlichen Armenpflege oder für polizeiliche Zwecke erwachsen, welche im Verhältnisse zu den ohne diese Personen für die erwähnten Zwecke notwendigen Gemeindeausgaben einen erheblichen Umfang erreichen und eine unbillige Mehrbelastung der Steuerpflichtigen herbeiführen, so ist eine solche Gemeinde berechtigt, von der Betriebsgemeinde einen angemessenen Zuschuß zu verlangen. Bei Bemessung desselben sind neben der Höhe der Mehrausgaben auch die nachweisbar der Gemeinde erwachsenden Vorteile, soweit sie in der Steuerkraft zum Ausdrucke kommen, zu berücksichtigen. Die Zuschüsse der Betriebsgemeinde dürfen in keinem Falle mehr als die Hälfte der gesamten in der Betriebsgemeinde von den betreffenden Betrieben zu erhebenden direkten Gemeindesteuern betragen.

Liegt der Betrieb in einem Gutsbezirke, so richtet sich der Anspruch gegen den Gewerbetreibenden. Die Zuschüsse dürfen alsdann die Hälfte der der Kreisbesteuerung dieses Betriebs zu Grunde liegenden Einkommensteuer und Realsteuern und, wenn der Betrieb nicht gewerbesteuerpflichtig ist, $^3/_4$ der seiner Kreisbesteuerung zu Grunde liegenden Einkommensteuer nicht übersteigen.

Die Bestimmungen des ersten und zweiten Absatzes finden auf den Anspruch eines Gutsbezirkes auf Zuschuß gleichmäßige Anwendung.

Wenn von mehreren Gemeinden oder Gutsbezirken Ansprüche auf Zuschüsse erhoben werden, welche zusammengerechnet die in den Abs. 1 und 2 vorgesehenen Höchstgrenzen übersteigen, so findet eine verhältnismäßige Kürzung der einzelnen Ansprüche bis zu der zulässigen Höchstgrenze statt.

Über streitige Ansprüche aus Abs. 1 bis 3 sowie über Streitigkeiten, die sich aus der Anwendung des Abs. 4 ergeben, beschließt der Kreisausschuß und, sofern die Stadt Berlin oder eine andere Stadtgemeinde beteiligt ist, der Bezirksausschuß. Gegen den Beschluß findet innerhalb zwei Wochen der Antrag auf mündliche Verhandlung im Verwaltungsstreitverfahren statt. Der Anspruch erlischt, wenn er nicht vor Ablauf des Rechnungsjahrs, für welches er erhoben wird, durch schriftlichen Antrag bei der Betriebsgemeinde geltend gemacht wird und wenn der hiernach rechtzeitig angebrachte Anspruch nicht innerhalb eines Zeitraums von drei Monaten seit Zustellung des ablehnenden schriftlichen Bescheids der in Anspruch genommenen Betriebsgemeinde durch Stellung des Antrags beim Kreisausschusse beziehungsweise Bezirksausschuß aufrecht erhalten wird.

Zutreffendenfalls kommen die Bestimmungen des § 58 des Gesetzes über die allgemeine Landesverwaltung vom 30. Juli 1883 (GS. S. 195) dahin zur Anwendung, daß auch in den Fällen, in welchen die Stadt Berlin beteiligt ist, der Minister des Innern den Bezirksausschuß bestimmt, welcher zu beschließen hat.

Vorstehende Bestimmungen finden auf die bei den Beschlußbehörden anhängigen Angelegenheiten keine Anwendung.

Artikel II.

Dieses Gesetz tritt am 1. April 1907 in Kraft.

§ 11.

Für jeden Schulverband[1]) ist in der Regel[2]) ein Schulhaushalts-Etat aufzustellen[3]) und eine Schulkasse einzurichten.

[1]) Also auch für Gesamtschulverbände und für Gutsbezirke, welche einen eigenen Schulverband bilden. Bezüglich der letzteren vgl. jedoch § 12 Abs. 2.

[2]) Die Ausnahmen enthält § 12.

[3]) Über die Aufstellung von Schulhaushalts-Etats wird auf den Erlaß vom 12. Mai 1894 (ZBl. S. 422) verwiesen.

§ 12.

In Gemeinden, welche für sich einen Schulverband bilden, genügt es, wenn der Schulhaushalts-

Etat in den Gemeindehaushalts-Etat aufgenommen wird,[1][2]) und bleibt es der Beschlußfassung der Gemeinde überlassen, ob eine besondere Schulkasse eingerichtet oder ob ihre Geschäfte durch die Gemeindekasse wahrgenommen werden sollen.[3])

In Gutsbezirken, welche für sich einen Schulverband bilden, und in Gesamtschulverbänden, welche lediglich aus Gutsbezirken bestehen, die demselben Gutsbesitzer gehören, und in denen eine Unterverteilung nach § 8 Abs. 2 nicht stattfindet, kann die Aufstellung eines Schulhaushalts-Etats und die Einrichtung einer Schulkasse mit Genehmigung der Schulaufsichtsbehörde unterbleiben.[4]) Die Genehmigung kann widerrufen werden.

[1]) Für viele insbesondere größere Gemeinden würde es eine Unbequemlichkeit bedeuten, wenn sämtliche Schulangelegenheiten betreffende Posten in einem besonderen Schulhaushaltsetat aufgeführt werden müßten, da nach der bisherigen Praxis vielfach derartige Ausgaben in anderen Etats enthalten sind, z. B. die Ausgaben für Benutzung der Turnhallen, Anfuhr von Pflanzen, Unterhaltung von Anlagen auf den Schulgrundstücken, Neubauten und größere Reparaturen, für Pensionen, Reliktengelder, Unterstützungen und Erziehungsgelder usw. Immerhin ist es erwünscht, daß der Schulhaushaltsetat als besondere Abteilung des Gemeindehaushaltsetats erscheint, es genügt jedoch, wenn die Ausgaben für Schulzwecke im Schulhaushaltsetat durch Verweisung auf Posten in anderen Etats ersichtlich gemacht werden (KommBer. AH. S. 120).

[2]) Gemeinden, die einen Schulverband für sich bilden, brauchen einen besonderen Schulhaushaltsetat auch dann

nicht aufzustellen, wenn sie außerdem einem Gesamtschulverband angehören (KommBer. AH. S. 505).

[3]) Durch die den Gemeinden gewährte Befugnis, den Schulhaushaltsetat in den Gemeindehaushaltsetat aufzunehmen und die Geschäfte der Schulkasse durch die Gemeindekasse wahrnehmen zu lassen, wird das der Schulaufsichtsbehörde nach § 18 der Regierungsinstruktion vom 23. Oktober 1817 zustehende Recht der Aufsicht und Verwaltung des gesamten Eigentums der Schule und der obersten Aufsicht über die Verwaltung des Schulvermögens nicht berührt. Sie ist demnach nach wie vor berechtigt, die Schulkassen zu revidieren, sich Rechnung legen zu lassen, die Rechnungen zu prüfen usw. und dieserhalb sowie über die Einrichtung und Einreichung des Schulhaushaltsetats, die Verwaltung der Schulkassen und die Entlastung der Rechnungsführer Anweisungen zu erlassen (vgl. Erklärung des Vertreters der Unterrichtsverwaltung in der Kommission des Abgeordnetenhauses Ber. S. 122/123). Siehe auch § 65.

[4]) Da der Gutsbezirk als Schulverband nach der Konstruktion des Gesetzes juristische Person geworden ist, so hat der Gutsbesitzer als Privatperson nicht mehr über die Schule zu befinden. Das ihr gewidmete Vermögen — Schulacker, Schulhaus und vor allem Staatsbeihilfen — muß jedenfalls sichergestellt werden, damit sein Schicksal von dem des Gutsbesitzers unabhängig ist. Bietet der Gutsbesitzer durch seine Persönlichkeit und seine finanziellen Verhältnisse die nötigen Garantien für die Sicherheit des Schulvermögens, so wird von der Aufstellung eines Schulhaushaltsetats und einer getrennten Buch- und Kassenführung abgesehen werden können (KommBer. AH. S. 122).

§ 13.

Die Mittel für kleine bauliche Reparaturen[1]) sind gleich den übrigen laufenden Schulunterhaltungskosten[2]) in einer den örtlichen Verhältnissen entsprechenden Höhe in jedem Schulhaushalts-Etat bereitzustellen. Hiervon kann in den Fällen des § 12 Abs. 2 mit Genehmigung der Schulaufsichtsbehörde Abstand genommen werden. Die Genehmigung kann widerrufen werden.

[1]) Unter den kleinen baulichen Reparaturen sind im allgemeinen die jährlichen kleinen baulichen Instandsetzungen zu verstehen. Was im einzelnen eine kleine oder große Reparatur ist, ist nach Ortsgewohnheiten zu entscheiden. Das Landrecht hat einige Merkmale dafür aufgestellt z. B. T. II Tit. 11 § 785 (KommBer. AH. S. 132).

[2]) Um nicht die irrtümliche Auffassung aufkommen zu lassen, als gehörten nur die kleinen baulichen Reparaturen als sächliche laufende Ausgaben in den Etat, ist auf Grund eines Beschlusses der Kommission des Abgeordnetenhauses (vgl. Ber. S. 131/132) der Zusatz „gleich den übrigen laufenden Schulunterhaltungskosten" aufgenommen worden. An sich wäre die Aufnahme der Bestimmung des § 13 überflüssig gewesen, denn auch ohne sie wäre die Schulaufsichtsbehörde in der Lage gewesen, die Einstellung entsprechender Beträge in den Etat anzuordnen. Wenn hier die kleinen Reparaturen besonders genannt sind, so ist dies nur mit Rücksicht darauf erfolgt, daß der Gegensatz dieser Reparaturen zu den Baufondsansammlungen (§ 14) zum Ausdruck gebracht werden sollte.

§ 14.

Jeder Schulverband mit fünfundzwanzig oder weniger Schulstellen[1]) ist verpflichtet,[2]) jährlich 60 Mark für die einzige oder erste, 50 Mark für die zweite, 40 Mark für die dritte und je 30 Mark für jede weitere Stelle[3]) des Schulverbandes zur Bestreitung der Kosten von Volksschulbauten, welche nicht zu den laufenden kleineren Reparaturen gehören, anzusammeln[4]) und verzinslich zu belegen.[5])

Sind die im Abs. 1 gedachten Baukosten ganz oder teilweise von Dritten[6]) zu decken, so sind die Schulverbände zu der Ansammlung überhaupt nicht oder in entsprechend geringerer Höhe anzuhalten. Die Schulaufsichtsbehörde entscheidet endgültig darüber, ob und inwieweit hiernach von der Anforderung der Ansammlung Abstand zu nehmen ist.

Die Schulaufsichtsbehörde ist befugt, auf Antrag eines Schulverbandes eine Aussetzung oder Minderung der Ansammlung zuzulassen.[7]) Ist anzunehmen, daß der von einem Schulverband angesammelte Fonds unter Hinzurechnung der Zinsen und Zinseszinsen, des staatlichen Baubeitrags (§ 17) und der etwaigen Leistungen Dritter zur Deckung des für die nächsten 50 Jahre voraussehbaren Baubedürfnisses ausreichen werde, so hat auf Antrag des Schulverbandes die Schulaufsichtsbehörde die Einstellung dieser Zahlungen anzuordnen.[8]) Die Fortsetzung der Zahlungen ist anzuordnen, sobald die vorbezeichnete Voraussetzung wegfällt. Gibt die Schulaufsichtsbehörde einem Antrag auf Anordnung der Einstellung dieser Zahlungen nicht statt, oder ist der Schulverband mit der Anordnung der Fortsetzung der eingestellt gewesenen Zahlungen nicht einverstanden, so finden die Vorschriften der §§ 2 und 3 des Gesetzes vom 26. Mai 1887, betreffend die Anforderungen für die Volksschulen, (Gesetz-Samml. S. 175) mit der Maßgabe Anwendung, daß die Leistungsfähigkeit des Schulverbandes außer Betracht bleibt.

[1]) Es erschien notwendig, nur die weniger leistungskräftigen Schulverbände zur Ansammlung von Baufonds zu verpflichten. Da ein sicheres Urteil darüber, für welche Verbände etwa Ausnahmen von der Regel frei zu lassen sein möchten, nicht möglich ist, so ist in dieser Beziehung, sowie überhaupt bei der gesamten Organisation von der in der bestehenden Gesetzgebung geltenden Regel auszugehen, nach welcher die besondere Sicherung der finanziellen Leistungen für die Schule in allen Verbänden mit 25 oder weniger Schulstellen als durch entscheidende Gründe geboten erachtet ist (Begr. S. 95).

[2]) Die Ansammlung der Baufonds erfolgt also kraft Gesetzes ev. durch Zwangsetatisierung, ohne daß es zuvor der Durchführung des Beschlußverfahrens nach dem Gesetz vom 26. Mai 1887 bedarf.

[3]) Eine Abstufung ist angebracht, weil das Baubedürfnis bei Zusammenlegung mehrerer Klassen und Wohnungen in einem Gebäude und unter einem Dache nicht prozentual gleichmäßig mit der Zahl der Schulstellen wächst (Begr. S. 95).

[4]) In jedem Schulverband tritt von Zeit zu Zeit die Notwendigkeit ein, für Reparaturen und Verbesserungen der Schulgebäude Mittel aufzuwenden, welche aus den in den Haushaltsetat einzustellenden Fonds zur Bestreitung

der laufenden Unterhaltung der Gebäude nicht gedeckt werden können. In kleineren Schulverbänden wird jedoch nach den vorliegenden Erfahrungen die Erfüllung der gedachten Aufgabe auch dann, wenn der dazu erforderliche Aufwand nicht erheblich ist, oft weit über den Zeitpunkt hinaus aufgeschoben, in welchem die Befriedigung des Bedürfnisses mit verhältnismäßig geringen Kosten stattfinden kann, weil für manche dieser Verbände die Deckung jedes außerordentlichen Betrages mit Schwierigkeiten verbunden ist, namentlich aber da die Verbände vielfach geneigt sind, die Übernahme aller außergewöhnlichen Leistungen für die Schule ohne ausreichende Rücksichtnahme auf die Folgen möglichst lange zu vermeiden, und die Ausübung eines rechtzeitigen Zwanges gegenüber den widerstrebenden Schulverbänden seitens der Aufsichtsbehörde in zahlreichen Fällen nicht wohl durchgeführt werden kann. Der bei solchem Verhalten eintretende Verfall der Gebäude nimmt im Laufe der Zeit in fortdauernd steigendem Maße zu, so daß eine Abhilfe stark erhöhte Kosten erfordert und damit außerordentlich erschwert wird. Aus den hervorgehobenen Gründen wird auch die Ausführung sehr erwünschter, mit geringem Aufwand verbundenen Verbesserungen der Schulgebäude oft übermäßig lange verzögert.

Zur tunlichsten Beseitigung dieses unwirtschaftlichen, dem finanziellen Interesse der Schulverbände sowie dem Interesse der Schule und der Lehrer nachteiligen Verfahrens ist den kleineren Verbänden die Verpflichtung auferlegt worden, durch fortlaufende Einzahlungen Fonds anzusammeln, aus denen die vorbezeichneten Bedürfnisse mit dem Zeitpunkt ihres Eintretens ohne besondere Belastung der Unterhaltungspflichtigen wenigstens in einer großen Anzahl von Baufällen ganz oder doch zu einem erheblichen Teil befriedigt werden können (Begr. S. 94). Wegen der Beteiligung des Staates bei Aufbringung dieser Mittel vgl. § 22.

Durch diese Gesetzesvorschrift über die regelmäßige Ansammlung von Baufonds wird die Befugnis der Schulaufsichtsbehörde zur Anordnung der außerordentlichen Ansammlung von Baufonds aus besonderen Gründen, und zwar sowohl hinsichtlich der Schulverbände mit mehr als 25, als auch der mit weniger als 25 Schulstellen nicht berührt (vgl. KommBer. HH. S. 34; siehe auch E. OVG. vom 15. 9. 1883, ZBl. 1884 S. 485 und Erlasse vom 18. 7. 1884 und vom 31. 10. 1884, ZBl. 1885 S. 236 u. 395).

[5]) Siehe § 15.

[6]) Den Schulverbänden bleibt das Recht unbeeinträchtigt, in dem durch den § 47 des Zuständigkeitsgesetzes vom 1. August 1883 geordneten Verfahren gegen Dritte, welche sie abweichend von der Auffassung der Schulaufsichtsbehörde wegen Deckung von Baukosten in Anspruch zu nehmen sich berechtigt erachten, die Entscheidung der Verwaltungsgerichte zu erwirken, wenn tatsächlich demnächst ein Neu- oder Reparaturbau der betreffenden Schule notwendig werden sollte (Begr. S. 95).

[7]) Es ist zunächst stets ein Fonds nach Abs. 1 anzusammeln, falls nicht die Bestimmung des Abs. 2 eingreift. Später kann die Schulaufsichtsbehörde nach pflichtmäßigem Ermessen in geeigneten Fällen, z. B. weil eine Gemeinde erst kürzlich ein ganz neues Gebäude errichtet hat, auf Antrag des Schulverbandes Dispens erteilen.

[8]) Es soll eine übermäßige und unnütze Ansammlung von Geldern vermieden werden. In 50 Jahren wird im allgemeinen die wirklich notwendige Bausumme für Neubauten und Reparaturen angesammelt sein (KommBer. AH. S. 133 u. 134).

§ 15.

Die Belegung der [1]) angesammelten Mittel hat bei der Kasse einer Gemeinde, eines weiteren Kommunalverbandes oder einer öffentlichen Kreditanstalt zu erfolgen. Mit dieser Maßgabe bestimmt die Schulaufsichtsbehörde,[2]) bei welcher Kasse und unter welchen Bedingungen die Belegung erfolgen soll. Sie vereinbart für die Schulverbände diese Bedingungen mit der Kasse, welche als Ansammlungsstelle bestimmt ist, zahlt die anzusammelnden Beträge an die Ansammlungsstelle ein und bringt die eingezahlten Beträge bei Entrichtung der nach dem Gesetze vom 3. März 1897, betreffend das Diensteinkommen der Lehrer und Lehrerinnen an den öffentlichen Volksschulen, (Gesetz-Samml. S. 25) an die Schulverbände zu leistenden Staatsbeiträge diesen Verbänden in Anrechnung.

[1]) Gemäß § 14.

[2]) Da der Staat über die Belegung der angesammelten Gelder bestimmt, so haftet er auch nach allgemeinen Rechtsgrundsätzen für etwaige Versehen und Vergehen seiner Beamten. Ein Antrag auf Aufnahme einer entsprechenden Bestimmung in das Gesetz wurde, weil überflüssig, von der Kommission des Abgeordnetenhauses abgelehnt (vgl. Ber. S. 137 ff.).

§ 16.

Den Schulverbänden ist die Erhebung der für sie gemäß § 14 angesammelten Beträge nur mit Genehmigung der Schulaufsichtsbehörde gestattet.[1])

Diese Genehmigung muß erteilt werden, wenn die beabsichtigte Verwendung des Guthabens einem erheblichen[2]) Baubedürfnisse des Schulverbandes entspricht und entweder die Befriedigung dieses Bedürfnisses nur mit Hilfe der angesammelten Mittel ohne besonderen Druck für den Schulverband erfolgen kann oder anzunehmen ist, daß binnen längerer Frist anderweitige außerordentliche bauliche Bedürfnisse des Schulverbandes, zu deren Erfüllung die Verwendung der angesammelten Mittel erforderlich ist, nicht eintreten werden.

Gegen die Versagung der Genehmigung steht den Schulverbänden binnen zwei Wochen die Beschwerde an den Provinzialrat zu.

[1]) Diese Bestimmung soll die notwendige Sicherung dafür bieten, daß die angesammelten Mittel auch tatsächlich für diejenigen Zwecke, zu deren Erfüllung die Ansammlung stattgefunden hat, und nicht etwa für kleinere bauliche Reparaturen verwendet werden (Begr. S. 96).

[2]) Erheblich sowohl im Verhältnis zu dem Werte der Schule wie auch im Verhältnis zur Leistungsfähigkeit des Schulverbandes (KommBer. AH. S. 142/3).

§ 17.

Der Staat erstattet den Schulverbänden mit nicht mehr als sieben[1])[2]) Schulstellen ein Drittel desjenigen Teilbetrags der durch notwendige[3]) Bauten[4]) für Volksschulzwecke ausschließlich des Grunderwerbs[5]) entstandenen Kosten, welcher im Etatsjahre 500 Mark für die Stelle überstiegen hat und weder Dritten zur Last fällt, noch auch durch Brandschadensversicherung gedeckt wird. Bei Berechnung des staatlichen Baubeitrags dürfen etwaige Naturaldienste nur bis zum Höchstwerte von fünfzehn vom Hundert der Gesamtbausumme in Ansatz gebracht werden. Der staatliche Baubeitrag wird nicht gezahlt, soweit der Aufwand für Bauten dadurch entstanden ist, daß der Schulverband seine Gebäude seit Inkrafttreten des Gesetzes nicht mit der gebotenen Sorgfalt unterhalten hat.[6])

Bei Streitigkeiten über die Verpflichtung zur Zahlung des staatlichen Baubeitrags oder über seine Bemessung beschließt auf Anrufen der Beteiligten, zu denen in Gesamtschulverbänden auch die einzelnen Gemeinden (Gutsbezirke) gehören, der Kreisausschuß, sofern eine Stadt beteiligt ist, der Bezirksausschuß. Gegen den Beschluß des Kreisausschusses oder des Bezirksausschusses steht den Beteiligten binnen zwei Wochen die Beschwerde an den Provinzialrat zu.

Die Schulverbände haben, sofern die Kosten der baulichen Herstellungen im Einzelfalle 2000 Mark übersteigen, vor Beginn des Baues einen Bauplan mit Kostenanschlag der Schulaufsichtsbehörde zur Genehmigung vorzulegen.[7]) Diese ist befugt, einen staatlichen Baubeamten mit der Beaufsichtigung des Baues zu betrauen.[8])

[1]) Der Staat ist verfassungsmäßig verpflichtet, im Falle des Unvermögens für die Gemeinden einzutreten. Das Vorhandensein von nicht mehr als 7 Schulstellen ist als Grenze des zu vermutenden Unvermögens der Gemeinden (Gutsbezirke) angenommen. Die Praxis bestätigt im allgemeinen die Annahme, daß in solchen Fällen in der Regel Leistungsunfähigkeit vorliegt. Durch die generelle staatliche Unterstützung wird die Schulaufsichtsbehörde der lästigen Pflicht der Prüfung der Leistungsfähigkeit des Schulverbandes in jedem einzelnen Falle überhoben. — Soweit Schulverbände mit nicht mehr als 7 Schulstellen nicht fähig sind, die auf sie nach der Vorschrift des § 17 entfallenden Beträge selbst aufzubringen, so werden ihnen weitere extraordinäre Bauhilfen bewilligt werden. In solchen Fällen soll jedoch die Prüfung der Leistungsfähigkeit in der bisherigen Weise vorgenommen werden (Erklärung des Vertreters des Kultusministeriums in der Kommission des Herrenhauses Ber. S. 35/36).

[2]) Auch die Schulverbände mit mehr als 7 Stellen werden künftighin, wie bisher, bei nachgewiesener Leistungsunfähigkeit Baubeihilfen erhalten.

[3]) Darüber, ob ein Bau oder eine Reparatur notwendig ist, hat die Schulaufsichtsbehörde zu befinden.

[4]) Sämtliche Bauten, auch kleine Reparaturen.

[5]) Da der Grund und Boden dem Schulverband als Eigentum verbleibt (KommBer. AH. S. 115).

[6]) Diese Bestimmung ist ein notwendiges Korrelat. Wenn eine solche Strafe für mangelhafte Unterhaltung nicht ausgesprochen würde, so würden die Gemeinden die Gebäude so schlecht wie möglich unterhalten, damit ein Betrag von 500 M. zusammenkommt; es wäre das eine Prämie für schlechte Unterhaltung der Gebäude (Erklärung des Finanzministers in der Kommission des Herrenhauses Ber. S. 35). Der Ausdruck „unterhalten" muß den Begriff in seinem weitesten Umfange erfassen und also auch

die Verpflichtung in sich schließen, die Gebäude auch gegen Feuer zu versichern (vgl. StenBer. AH. S. 5075).

7) Selbstverständlich ist die Schulaufsichtsbehörde im einzelnen Fall auch bei Bauten mit einem geringeren Kostenanschlag berechtigt, dessen Vorlage zwecks Prüfung der Notwendigkeit der geplanten baulichen Maßnahmen zu verlangen.

8) Die notwendig werdenden Beaufsichtigungskosten trägt der Staat, während die Bauleitungskosten in bisheriger Weise (vgl. Erlaß vom 21. März 1905 ZBl. S. 351) der Gemeinde als ein Teil des Baues zur Last fallen (KommBer. HH. S. 35 u. StenBer. HH. S. 478).

§ 18.

Im Falle des nachgewiesenen Unvermögens der Schulverbände zur Aufbringung der Volksschullasten werden ihnen in den Grenzen der durch den Staatshaushalts-Etat bereitgestellten Mittel Ergänzungszuschüsse gewährt.[1]) Bei der Bewilligung kann angeordnet werden, daß die Zuschüsse zur besonderen Erleichterung bestimmter Kreise von Abgabenpflichtigen zu verwenden sind.

Ein Anspruch gegen den Staat kann weder im Rechtswege noch im Verwaltungsstreitverfahren geltend gemacht werden.

1) Der § 18 soll den im Artikel 25 der Verfassungsurkunde ausgesprochenen Grundsatz zum Ausdruck bringen; er enthält die allgemeine Regel, daß der Staat, wo die in erster Linie Unterhaltungspflichtigen zur Aufbringung der Schullasten unvermögend sind, Ergänzungszuschüsse zu gewähren habe. Im Gesetz ist das Verfahren für

die Gewährung von Ergänzungszuschüssen nur hinsichtlich der gesetzlich festgelegten Fonds geregelt (vgl. §§ 19—23). Bezüglich der übrigen zur Erleichterung der den leistungsschwachen unterhaltungspflichtigen Verbänden obliegenden Volksschulunterhaltungslast durch den Staatshaushaltsetat bereitgestellten Mittel (Kap. 121, Tit. 34 teilweise, 36, 38) verbleibt es bei den bestehenden besonderen Vorschriften.

§ 19.

Zur Unterstützung von Schulverbänden mit fünfundzwanzig oder weniger Schulstellen, welche zur Aufbringung der Volksschullasten unvermögend sind, wird durch den Staatshaushalts-Etat der Betrag bereitgestellt, welcher am 31. März 1908 für diesen Zweck den Regierungen überwiesen ist.[1][2] Der Unterrichtsminister, der Finanzminister und der Minister des Innern bestimmen die auf die Provinzen und die Hohenzollernschen Lande entfallenden Anteile nach Maßgabe der bisher überwiesenen widerruflichen Staatsbeihilfen.[3]

Innerhalb der Provinzen erfolgt die weitere Verteilung auf die Landkreise unter Berücksichtigung der bisher auf sie entfallenden Beträge durch den Oberpräsidenten nach Anhörung des Provinzialrats, in den Hohenzollernschen Landen durch den Unterrichtsminister nach Anhörung des Bezirksausschusses.

[1]) Hiermit ist die Verpflichtung des Staates zur Leistung eines bestimmten Mindestbetrages gesetzlich festgelegt.

[2]) Durch eine von der Kommission des Abgeordnetenhauses beantragte (KommBer. AH. S. 116/118) und vom Plenum (StenBer. AH. S. 5076/77) angenommene Resolution ist die Staatsregierung ersucht worden, gleichzeitig mit der Bereitstellung der im § 19 Abs. 1 erforderten Mittel den Betrag der Unterstützungen von Schulverbänden mit mehr als 25 Schulstellen, welche zur Aufbringung der Schullasten unvermögend sind, auf 1 600 000 M. zu erhöhen. Die Staatsregierung hatte in Aussicht genommen den zurzeit bei Kap. 121 Tit. 34 für diesen Zweck bereitstehenden Betrag von 638 000 M. auf 1 200 000 M. zu erhöhen.

[3]) Wegen der für die Bewilligung der widerruflichen Staatsbeihilfen maßgebenden Grundsätze vgl. die Erlasse vom 21. 6. 1894 ZBl. S. 571, 15. 2. 1895 ZBl. S. 367, 22. 10. 1895 ZBl. 1896 S. 227, 21. 6. 1896 ZBl. S. 591, 12. 12. 1898 ZBl. 1899 S. 319, 12. 5. 1900 ZBl. S. 636, 31. 12. 1900 ZBl. 1901 S. 221, 29. 4. 1901 ZBl. S. 551, 29. 6. 1903 ZBl. S. 435, 5. 8. 1905 ZBl. S. 633.

§ 20.

Außerdem werden für Schulverbände mit fünfundzwanzig oder weniger Schulstellen, welche zur Aufbringung der Volksschullasten unvermögend sind, zum Zwecke der Ausgleichung unbilliger Verschiebungen in der Aufbringung der Volksschullasten, welche infolge dieses Gesetzes entstehen, sowie sonstiger unbilliger Ungleichheiten in der Höhe der Volksschullasten durch den Staatshaushalts-Etat alljährlich 5 000 000 Mark bereitgestellt und auf die Provinzen (Hohenzollernschen Lande) und Landkreise auf dem im § 19 bezeichneten Wege verteilt.[1]) [2])

[1]) Die Mittel aus § 20 — sog. Ausgleichsfonds — werden nach dem diskretionären Ermessen der drei Minister verteilt. Irgend eine bestimmte Norm für die Unterverteilung zu finden, ist nicht wohl möglich.

[2]) Die Kommunalisierung der Volksschule hat an und für sich eine Steigerung der Volksschullasten nicht zur Folge. Für manche Steuerträger aber wird das Gesetz eine ihnen ungünstige Verschiebung der Volksschullasten bewirken, welche insbesondere in den kleineren, in weiterem Umfange leistungsschwachen Schulverbänden mit 25 oder weniger Schulstellen ein staatliches Eintreten auch über das Maß der durch die Verschiebungen frei werdenden Beihilfen hinaus angezeigt erscheinen läßt. Neben dem Übergang der Schulpflicht von den Sozietäten auf die neu zu bildenden Schulverbände sind hier u. a. die Entlastung der bisher zu Schulsozietätsbeiträgen herangezogenen Geistlichen, Lehrer und Beamten, sowie der Dominien im Gebiete des katholischen Schulreglements in Schlesien, andererseits z. B. die Neubelastungen der Gutsherren im Gebiete des Allgemeinen Landrechts von Bedeutung (Begr. S. 98/99). Auch Gutsbezirke, die einen eigenen Schulverband bilden, sowie Gesamtschulbände, die sich aus Gutsbezirken zusammensetzen, können unterstützt werden. Ebenso ist in dem Falle, wo ein relativ leistungsfähiger Gutsbezirk mit einer absolut leistungsunfähigen Landgemeinde zusammengelegt wird, ein Zuschuß durchaus zulässig (KommBer. HH. S. 40).

§ 21.

Dem Unterstützungsfonds der einzelnen Kreise wachsen die Ergänzungszuschüsse zu, welche aus Zentralfonds [1]) Schulverbänden des Kreises mit fünfundzwanzig oder weniger Schulstellen zur Errichtung neuer Schulstellen laufend bewilligt werden.

Im übrigen ändern sich, abgesehen vom Falle des § 22, die den Kreisen überwiesenen Beträge nur

1. bei dem Übertritt eines Schulverbandes mit fünfundzwanzig oder weniger Schulstellen in die Reihe derjenigen mit mehr als fünfundzwanzig Schulstellen;[2])
2. bei dem umgekehrten Vorgange;
3. infolge von Umgemeindungen und Veränderungen der Landkreise mit derselben Wirkung.

Im ersten Falle geht vom Anfange des nächsten Etatsjahrs der dem Schulverbande bewilligte Ergänzungszuschuß auf den Zentralfonds zur Unterstützung von Schulverbänden mit mehr als fünfundzwanzig Schulstellen über, im zweiten wächst von demselben Zeitpunkt ab der der Gemeinde etwa aus dem Zentralfonds bewilligte Ergänzungszuschuß dem Unterstützungsfonds des Kreises zu. Im Falle der Nr. 3 finden diese Bestimmungen sinngemäß Anwendung.

[1]) Die zur Errichtung neuer Schulstellen bei Kap. 121 Tit. 36 des Staatshaushaltsetats zur Verfügung stehenden Mittel werden nach wie vor ohne Beteiligung der Selbstverwaltungsorgane lediglich durch den Unterrichtsminister vergeben.

[2]) Wächst eine Gemeinde, die bisher 25 Stellen hatte, auf 26 Stellen an, so scheidet sie aus der Fürsorge des Kreisausschusses aus und verfällt der Fürsorge des Ministers. Um den bisher ihr zugebilligten Betrag wird

der Kreisfonds gekürzt und wächst der Zentralfonds (KommBer. HH. S. 39); siehe auch Anm. 2 zu § 19.

§ 22.

Behufs Gewährung widerruflicher Ergänzungszuschüsse an unvermögende Schulverbände mit fünfundzwanzig oder weniger Schulstellen wird für jeden Kreis eine Summe in Höhe der Hälfte der von seinen Schulverbänden gemäß § 14 anzusammelnden Beträge aus Staatsmitteln bereitgestellt.[1])

[1]) Die Zentralbehörde verteilt diesen sich voraussichtlich zunächst auf 1 300 000 M. belaufenden und mit der wachsenden Zahl der Schulstellen steigenden Fonds auf die einzelnen Kreise. Jeder Kreis erhält die Hälfte der von seinen Schulverbänden gemäß § 14 anzusammelnden Beträge. Die Unterverteilung innerhalb des Kreises auf die Schulverbände erfolgt gemäß § 23 durch den Kreisausschuß unter Berücksichtigung der Bedürftigkeit der einzelnen Verbände, und zwar behufs Erleichterung der Aufbringung der ihnen obliegenden Volksschullasten überhaupt; sie brauchen also nicht lediglich zu Bauzwecken dienen, können vielmehr auch für andere Aufgaben der Schule verwendet werden.

§ 23.

Für die Unterverteilung der Staatsmittel (§§ 19, 20, 21, 22) auf die Schulverbände ist vom Kreisausschusse nach Anhörung des Kreisschulinspektors[1]) für je fünf Jahre ein Verteilungsplan aufzustellen, der der Feststellung durch die Schulaufsichtsbehörde bedarf.[2]) Die Feststellung tritt in Kraft, wenn nicht innerhalb vier Wochen von dem Kreisausschusse dagegen Beschwerde bei dem Unterrichtsminister erhoben ist. Dieser entscheidet endgültig.

Die den einzelnen Schulverbänden bewilligten Ergänzungszuschüsse können durch den Kreisausschuß während der Bewilligungszeit nur gekürzt werden

wegen Aufhebung oder Veränderung des Schulverbandes,

wegen Aufhebung einer Schulstelle,

wegen gänzlichen oder teilweisen Fortfalls der Verpflichtung zur Ansammlung eines Baufonds (§ 14).

Der Beschluß des Kreisausschusses bedarf der Genehmigung der Schulaufsichtsbehörde. Gegen ihn steht den Beteiligten binnen zwei Wochen die Beschwerde an den Provinzialrat zu.

In dem Verteilungsplan ist ein angemessener Betrag, mindestens fünf vom Hundert, zur Gewährung einmaliger Ergänzungszuschüsse vorzusehen. Dem Betrage wachsen die heimgefallenen Ergänzungszuschüsse zu. Die Bewilligung erfolgt durch den Kreisausschuß[3]) mit Genehmigung der Schulaufsichtsbehörde. Gegen die Versagung der Genehmigung steht dem Kreisausschuß innerhalb vier Wochen die Beschwerde an den Unterrichtsminister zu. Wird die Beschwerde abgelehnt, so wird nach dem Beschlusse der Schulaufsichtsbehörde verfahren.

[1]) Sind mehrere Kreisschulinspektoren vorhanden, so hat die Schulaufsichtsbehörde zu bestimmen, welcher von ihnen anzuhören ist (KommBer. AH. S. 119).

[2]) Während der Kreisausschuß den Verteilungsplan aufstellt, stellt ihn die Schulaufsichtsbehörde fest. Die endgültige Entscheidung über die Verteilung der Mittel muß bei dem Staate liegen. Denn es handelt sich nicht um die Verteilung von dem Kreisausschuß zur Verfügung gestellten Dispositionsfonds, sondern nur um dessen Mitwirkung bei der Verteilung von Staatsmitteln, zu denen für den Fall, daß sie nicht ausreichen, nicht der Kreis weitere Zuschüsse gewährt, sondern die der Staat auf Grund dieses Gesetzes durch entsprechende Bewilligungen im Etat zu ergänzen verpflichtet ist (KomBer. AH. S. 512/513 u. StenBer. AH. S. 5835—38).

[3]) Der Kreisausschuß kann den Landrat generell mit der Entscheidung der Frage, ob bzw. in welcher Höhe eine Beihilfe bewilligt werden soll, betrauen (KommBer. AH. S. 105).

Dritter Abschnitt.

Schulvermögen.* Leistungen Dritter.

§ 24.

Die besonderen Schulgemeinden (Sozietäten) sowie diejenigen Schulen, welche bisher als selbständige Rechtssubjekte[1]) Träger der Volksschullasten waren, werden, unbeschadet des Fortbestehens dieser Schulen als Lehranstalten, aufgehoben.

Das Vermögen einer aufgehobenen Schulgemeinde (Schule) geht als Ganzes auf den Schulverband (§ 1 Abs. 2) über.[2])

Hat der Bezirk der aufgehobenen Schulgemeinde (Schule) sich über den Bereich mehrerer Schulverbände erstreckt, so treten die mehreren Verbände als Rechtsnachfolger ein. Über die Auseinandersetzung zwischen den beteiligten Schulverbänden beschließt die Schulaufsichtsbehörde.[3]) Die Vorschriften des § 4 finden Anwendung.

* Der Übergang des Vermögens kraft Universalsuccession auf den neuen Schulverband vollzieht sich verschieden je nach dem bisherigen Träger der Schullast (vgl. KommBer. AH. S. 152—155, 161, 169, 525). Es sind folgende Fälle zu unterscheiden:

1. Wenn die politische Gemeinde bereits jetzt Trägerin der Volksschullast ist, so wird an dem Rechtsverhältnis überhaupt nichts geändert. Tritt ein Gesamtschulverband ein, so erfolgt die Regelung hinsichtlich des Schulvermögens gemäß § 4.
2. An Stelle der Schulsozietät, die untergeht, tritt gemäß § 1 die politische Gemeinde, der Gutsbezirk, der Gesamtschulverband. Auf letztere geht das Sozietätsvermögen über. § 24.
3. Das gleiche gilt hinsichtlich der Schulen mit selbständiger juristischer Persönlichkeit. § 24.
4. War eine Kirchengemeinde bisher Trägerin der Schullast und Eigentümerin des Schulvermögens — bei den sog. Kirchenschulen — so hat, da die Kirchengemeinde als juristische Person fortbesteht, eine Aussonderung des den Schulzwecken

gewidmeten Vermögens stattzufinden. Nur dieses geht auf den neuen Träger der Schullast über. In einem besonderen Verfahren ist dasselbe durch Beschluß der Schulaufsichtsbehörde dem neuen Schulverbande zu überweisen. § 27.

5. Bei den sog. Küsterschulen hebt das Gesetz das bisherige Subjekt auf und läßt an seine Stelle den neuen Schulverband treten. Die Rechte der Kirchengemeinden in bezug auf gemeinschaftliches Vermögen bleiben unberührt. § 30.

6. Bei den Schulstiftungen sind zu unterscheiden
   a) solche **mit selbständiger Rechtspersönlichkeit**; sie werden an und für sich durch das Gesetz nicht berührt; sie können aber mit zur Unterhaltung der Schule dienen und dazu beitragen, die Schulunterhaltungspflicht zu erleichtern. Ist die Schulstiftung die Anstalt selbst, so siehe oben unter 3;
   b) solche **ohne selbständige Rechtspersönlichkeit**; sie stehen im Eigentum oder in der Verwaltung einer dritten — physischen oder moralischen — Person oder der Schule. Ist letzteres der Fall, so ist das Stiftungsvermögen von dem übrigen Schulvermögen nur unterscheidbar, wenn es einem besonderen Zweck gewidmet ist. Im übrigen ist der Übergang der Schullast auf einen andern Träger ganz ohne Einfluß auf die Stiftung.

[1]) Das sind die Schulen in West- und Ostpreußen, in einem Teil von Schlesien, in Hessen-Nassau und der Rheinprovinz (KommBer. AH. S. 169) vgl. E. OVG. vom 10. April 1894 ZBl. S. 719, E. OVG. Bd. 13 S. 255 und Bd. 18 S. 218.

[2]) Das gesamte Vermögen der aufgehobenen Schulgemeinde — also die in ihrem Eigentum stehenden sowie die zur Dotation der Schulstelle bestimmten Grundstücke,

Gebäude, Gerechtigkeiten, Kapitalien, Nutzungsrechte, Forderungen, Schulden und Verbindlichkeiten — geht kraft Gesetzes durch Universalsuccession (§ 1922 BGB.) auf die Schulverbände, die zu dem Schulbezirk der alten Schule gehörten, über. Mit Inkrafttreten des Gesetzes hören also die alten Schulsozietäten ipso jure auf zu existieren und die neuen Schulverbände treten nach Analogie eines Erbfalles an ihre Stelle. Diese Konstruktion findet sich bei Körperschaften des öffentlichen Rechts, deren Ausgestaltung der Landesgesetzgebung unterliegt, in zahlreichen Landesgesetzen z. B. § 3 Abs. 2 der Landgemeindeordnung vom 3. Juli 1891. Wenn in älteren Entscheidungen des Obertribunals von einer gewissen Fortexistenz einer aufgelösten Körperschaft, insbesondere einer fortdauernden Schuldenhaftung die Rede ist, so erklärt sich dies offenbar daraus, daß in jenen Fällen eine Universalsuccession kraft Gesetzes, wie hier, nicht Platz gegriffen hat. Die maßgebenden rechtlichen Gesichtspunkte sind noch neuerdings in einem noch nicht veröffentlichten Beschluß des I. Zivilsenats des Kammergerichts vom 16.11.1905 ausführlich dargelegt (KommBer. AH. S. 148 u. Erklärung des Kommissars des Justizministers a. a. O. S. 151).

[3]) Wenn darüber Streit entsteht, ob etwas Schulvermögen ist oder nicht, so ist diese Frage von denjenigen, welche das Vermögen für sich in Anspruch nehmen, im ordentlichen Rechtswege zum Austrag zu bringen. Hier soll nur darüber entschieden werden, was als unstreitiges Schulvermögen übergeht; darüber entscheidet die Schulaufsichtsbehörde.

§ 25.

Über das auf den Schulverband übergegangene Vermögen ist ein genaues Verzeichnis (Matrikel)[1]) aufzustellen. Das Vermögen bleibt den allgemeinen[2]) oder stiftungsmäßig besonderen[3]) Zwecken derjenigen öffentlichen Volksschule erhalten, für welche es bestimmt war. Auf Verfügungen über dieses Vermögen finden diejenigen Vorschriften, welche für das Schulvermögen überhaupt gelten, mit der Maßgabe Anwendung, daß vor der Erteilung der Genehmigung zu einer Veräußerung oder Verwendung für andere Zwecke die Schuldeputation (§§ 43, 47 Abs. 10, 57), die Schulkommission (§§ 45, 48, 55) oder der Schulvorstand (§ 47) anzuhören sind.[4])

[1]) Die Matrikel hat nur deklarative, nicht konstitutive Bedeutung. Sie schafft kein neues Recht, sondern stellt das bestehende insoweit fest, als es durch Abmachungen und Anerkenntnis zwischen den Beteiligten bei den Verhandlungen, die der Aufnahme der Matrikel vorangingen, klargestellt worden ist. Solche Feststellung wird für die Zivil- und Verwaltungsgerichte eine gewisse Bedeutung haben. Welchen Wert aber der Richter dem Umstande, daß unwidersprochene Vermögensstücke in der Matrikel verzeichnet sind, beilegen will, bleibt seinem Ermessen überlassen. Gegen Dritte hat die Matrikel keine Beweiskraft (KommBer. AH. S. 181, 526, 527 E. OVG. Bd. IV S. 213, XI S. 166, XII S. 217, XV S. 225, XXIX S. 181 u. a.).

[2]) d. h. den allgemeinen Volksschulzwecken (KommBer. AH. S. 530 u. StenBer. AH. S. 5084).

[3]) Die stiftungsmäßig besonderen Zwecke beziehen sich auf solche, die nebenher auf besonderen Stiftungen beruhen, z. B. Beschaffung von Schulbüchern usf. (KommBer. AH. S. 150).

[4]) Diese Bestimmung bezieht sich erstens auf Verfügungen über Vermögensstücke, die den Zwecken der Schule dienen und deren Verwendung zu anderen Zwecken in Frage kommt, z. B. Veräußerungen von Schulhäusern, Grundstücken, Utensilien, Überlassung von Turnhallen an Vereine usw.; zum andern betrifft sie auch die rechtlichen Verhältnisse bei Änderung des konfessionellen Charakters der Schule bzw. bei Anstellung eines Lehrers der konfessionellen Minderheit (§§ 35 Abs. 2, 38 Abs. 2, 33 bzw. 37). In letzterer Beziehung ist folgendes zu bemerken: Es gilt der Grundsatz: „Das Vermögen folgt dem Schicksal der Schule.“ Daraus ergibt sich: Bei Aufhebung der Schule verbleibt das Eigentum der Gemeinde, die Träger der Unterhaltungslast geworden ist. Geht eine Schule der einen Konfession ein und kann somit das vorhandene Vermögen nicht mehr für Zwecke derselben benutzt werden, so muß es für Zwecke der anderen Konfession verwendet werden, falls eine Schule dieser Konfession errichtet wird. Wächst dagegen in einer zweiklassigen Schule der einen Konfession die Anzahl der Schulkinder der anderen Konfession über die Minoritätsziffer hinaus an und wird infolgedessen eine neue Schule dieser Konfession errichtet, so muß das Vermögen der alten Schule mitsamt dem Gebäude für die beiden Klassen der Konfession, für die es ursprünglich bestimmt war, erhalten bleiben; für die neue Klasse, die mit einem Lehrer der anderen Konfession besetzt wird, muß eine selbständige Organisation geschaffen werden.

Ist dagegen die Zahl der Schulkinder der einen — ersten — Konfession so zurückgegangen, daß nur eine Klasse und ein Lehrer dieser Konfession nötig ist, und wird gleichzeitig wegen Anwachsens der Schulkinder der anderen Konfession über die Minoritätsziffer die andere der beiden vorhandenen Lehrerstellen mit einem Lehrer dieser Konfession besetzt, so wird das Vermögen halbiert und es tritt nun die Folge ein, daß eine Hälfte des

Vermögens für die neu entstandene Schule der anderen Konfession verwendet wird.

Für die Aufrechterhaltung des Schicksals der Schule sind aber Kautelen vorgesehen. Zur Änderung des Verwendungszweckes des Schulvermögens ist nach Anhörung der Schuldeputation usw. die ausdrückliche Genehmigung der Schulaufsichtsbehörde erforderlich. Verweigert diese ihre Genehmigung zu einer von der Gemeinde gewünschten Verwendungsart eines Schulvermögens, so bleibt der Gemeinde dagegen die Beschwerde an den Minister, die Petition an den Landtag, die Beschwerde an das Staatsministerium und schließlich die Immediateingabe an die Allerhöchste Person (vgl. KommBer. AH. S. 166, 167, 168, 185, 186, 528, 529, 530, KommBer. HH. S. 55 und 57).

§ 26.

Zum Nachweise der Rechtsnachfolge (§ 24) genügt Dritten gegenüber eine Bescheinigung[1]) der Schulaufsichtsbehörde; auf Antrag ist jedem, der ein rechtliches Interesse nachweist, eine solche Bescheinigung zu erteilen.

Ist für die aufgehobene Schulgemeinde (Schule) das Eigentum oder ein anderes Recht an einem Grundstück im Grundbuch eingetragen, so kann die Schulaufsichtsbehörde[2]) das Grundbuchamt ersuchen,[3]) den Schulverband als Eigentümer oder Berechtigten einzutragen.[4])

[1]) Diese Bescheinigung schafft ebensowenig wie die Matrikel (§ 25) materielles Recht; durch sie soll lediglich

der Nachweis der Rechtsnachfolge erleichtert werden (vgl. auch Anm. 2).

²) Das Ersuchen der Schulaufsichtsbehörde schafft kein materielles Recht, sondern bewirkt nur, daß der außerhalb des Grundbuchs eingetretene materielle Rechtsübergang grundbuchmäßig beurkundet und das Grundbuch mit dem materiellen Recht in Einklang gebracht wird. Die Schulaufsichtsbehörde darf von dem Recht, das Grundbuchamt zu ersuchen, selbstverständlich nur dann Gebrauch machen, wenn die materiellen Voraussetzungen dafür unzweifelhaft vorliegen. Es bleibt natürlich auch dem neuen Träger der Schullast unbenommen, seinerseits die eingetretene Rechtsnachfolge dem Grundbuchamte gegenüber darzutun. Größere Gemeinden werden in der Lage sein, den Antrag direkt zu stellen; die Befugnis, die der Schulaufsichtsbehörde erteilt ist, hat insbesondere den Zweck, den kleineren Gemeinden eine Erleichterung zu verschaffen, denen die Darstellung der formellen Erfordernisse dem Grundbuchamt gegenüber Schwierigkeit macht (KommBer. AH. S. 531 u. KommBer. HH. S. 124).

³) Diese Bestimmung schließt sich genau an den § 39 der Reichsgrundbuchordnung vom 24. März 1897 RGBl. $\frac{\text{1897 S. 139}}{\text{1898 S. 754}}$ an, welcher besagt, daß in den Fällen, in denen nach gesetzlicher Vorschrift eine Behörde befugt ist, das Grundbuchamt um eine Eintragung zu ersuchen, die Eintragung auf Grund des Ersuchens der Behörde zu erfolgen hat.

⁴) Und zwar gebührenfrei, da nach § 8 Ziffer 3 des preuß. Gerichtskostengesetzes vom 25. Juni 1895 GS. S. 203 alle öffentlichen Volksschulen von der Zahlung der Gerichtsgebühren befreit sind. Die Gebührenfreiheit wurde auch schon nach der bisherigen Praxis in den Fällen anerkannt, in denen die öffentliche Volksschule eine Kommunalanstalt war (StenBer. AH. S. 5411).

§ 27.

Insoweit bisher eine Kirchengemeinde Trägerin der Volksschullast war, ist — vorbehaltlich der Bestimmungen in den §§ 28 und 30 — das den Schulzwecken gewidmete Vermögen einschließlich der zur Dotation der Schulstelle bestimmten Grundstücke, Gebäude, Kapitalien, Gerechtigkeiten, Nutzungsrechte und Forderungen unter Berücksichtigung der darauf haftenden Verbindlichkeiten durch Beschluß der Schulaufsichtsbehörde im Einvernehmen mit der kirchlichen Oberbehörde dem Schulverbande zur Verwendung für gleichartige Zwecke nach Maßgabe der Bestimmungen dieses Gesetzes zu überweisen. Ist ein Einvernehmen nicht zu erzielen, so beschließt der Oberpräsident. Vor der Beschlußfassung der Schulaufsichtsbehörde oder des Oberpräsidenten sind die Kirchengemeinde und der Schulverband zu hören.

Gegen den Beschluß steht sowohl der Kirchengemeinde als dem Schulverbande binnen sechs Monaten die Klage im ordentlichen Rechtswege zu.[1])

Die Vorschriften der §§ 25 und 26 finden sinngemäß Anwendung.

[1]) Die Absicht der Vorschrift dieses Paragraphen geht dahin, daß, wenn Kirchengemeinden bisher Trägerinnen der Volksschullasten gewesen sind — bei den sog. Kirchenschulen —, nun das Vermögen, das bisher Schulzwecken

gedient hat, auf den neuen Träger der Schullasten übergehen soll. Das bestimmt sich nach tatsächlichen Momenten, die rein auf öffentlich-rechtlichem Gebiet liegen. Da diese besser von einer Verwaltungsbehörde beurteilt werden, ist dieserhalb die Entscheidung der Schulaufsichtsbehörde bzw. dem Oberpräsidenten übertragen worden. Gleichzeitig ist aber für den Fall, daß in bezug auf den Überweisungsbeschluß Differenzen bestehen, ein Rechtsschutz gewährt und als solcher der ordentliche Rechtsweg gegeben worden, weil es sich hier um ein Privateigentum der Kirchengemeinden handelt und deshalb Billigkeitsrücksichten nicht ausschlaggebend sein können.

Dritten, die Ansprüche auf das dem Schulverbande überwiesene Vermögen erheben, steht natürlich auch der ordentliche Rechtsweg offen (KommBer. AH. S. 519 u. 533).

§ 28.

Die selbständigen Schulstiftungen[1]) mit Einschluß der unter die Verwaltung Dritter, insbesondere kirchlicher Organe gestellten Stiftungen bleiben als solche bestehen; ihr Vermögen und die sonstigen zu Schulzwecken bestimmten Vermögensstücke, welche im Eigentume von Dritten, insbesondere kirchlichen Beteiligten stehen, bleiben ihren Zwecken erhalten.

[1]) Die selbständigen Stiftungen mit dem Rechte juristischer Personen, welche Schulzwecken dienen, werden nicht aufgehoben; sie können ebensogut den Schulzwecken dienen, wenn auch der neue Träger der Schullast eintritt. Dies ist besonders festgesetzt, weil man sonst annehmen könnte, daß solche Stiftungen ohne weiteres aufgehoben würden (KommBer. AH. S. 149). Es handelt sich hier

im Gegensatz zu § 31 nur um solche Fonds, welche nur für einzelne Schulstellen bestimmt sind (KommBer. AH. S. 212).

§ 29.

Unberührt bleiben die Rechte Dritter, insbesondere der Kirchengemeinden und sonstigen kirchlichen Beteiligten an den den Schulzwecken gewidmeten oder gleichzeitig Schul- und kirchlichen Zwecken dienenden Vermögensstücken.[1])

Das gemeinschaftlich zu Schul- und anderen Zwecken dauernd gewidmete, den bisher Unterhaltungspflichtigen oder der Schule selbst mitgehörige Vermögen bleibt nach Maßgabe des bisherigen Verhältnisses ein gemeinschaftliches Vermögen. Als Teilnehmer daran treten an Stelle der bisher Unterhaltungspflichtigen oder der Schule selbst die Schulverbände.

Insoweit für das gemeinschaftliche Vermögen eine Eintragung im Grundbuche besteht, findet der § 26 Abs. 2 mit der Maßgabe Anwendung, daß das Ersuchen der Schulaufsichtsbehörde auf Eintragung für beide Berechtigte zu richten ist.[2])

[1]) Diese sich an sich schon aus den übrigen Bestimmungen dieses Abschnittes ergebende Bestimmung ist hier besonders ausgesprochen, weil bezüglich des Schulvermögens vielfach Rechte Dritter, insbesondere der kirchlichen Interessenten bestehen. Insoweit Kirchengemeinden bisher Träger der Volksschullasten waren, kommt § 27 in

Betracht. Wenn es sich um vereinigtes Vermögen handelt, greift § 30 Platz.

[2]) Vgl. die Anmerkungen zu § 26 Abs. 2, insbesondere Anm. 2.

§ 30.

Wo mit dem Volksschulamt ein kirchliches Amt dauernd vereinigt ist,[1]) tritt der Schulverband kraft des Gesetzes an die Stelle des bisherigen Trägers der Schullast; die Vorschriften des § 26 finden sinngemäß Anwendung.

Die Vermögensstücke, welche schon seither zugleich für Schul- und für kirchliche Zwecke bestimmt gewesen sind, bleiben diesen Zwecken erhalten.

Hinsichtlich der Leistungen der kirchlichen Beteiligten behält es bei den bestehenden Vorschriften über den Bau und die Unterhaltung der Gebäude und Nebenanlagen sein Bewenden.[2])

Die von den Kirchengemeinden und sonstigen kirchlichen Beteiligten für das vereinigte Amt nach Gesetz, Provinzial-, Bezirksrecht, Herkommen oder Ortsverfassung zu erfüllenden Verpflichtungen werden durch dieses Gesetz nicht berührt.

Während der Dauer der Verbindung kann von den Beteiligten vereinbart werden, daß die Verpflichtung zum Bau und zur Unterhaltung der gemeinsamen Gebäude und Nebenanlagen dem Schulverband obliegen soll gegen eine von den kirchlichen

Beteiligten ihm zu zahlende feste Rente.[3]) Durch diese Vereinbarung werden die kirchlichen Rechte hinsichtlich der Benutzung der Gebäude und der Auseinandersetzung für den Fall einer Trennung nicht berührt. Sie bedarf der Genehmigung durch die Schulaufsichtsbehörde[4]) und durch die kirchliche Oberbehörde. Wo hiernach der Schulverband die Verpflichtung zum Bau und zur Unterhaltung der Gebäude übernommen hat, werden ihm die staatlichen Baubeiträge (§ 17) nach dem vollen Betrage dieser Kosten gewährt, soweit die ihm erwachsenden Mehrkosten nicht durch die kirchliche Rente gedeckt werden.[5])

Bei der Trennung[6]) eines dauernd vereinigten Kirchen- und Schulamts beschließt über die Auseinandersetzung in Ansehung des Vermögens der Oberpräsident, sofern nicht zwischen dem Schulverband und der Kirchengemeinde unter Genehmigung der beiden Aufsichtsbehörden[7]) eine Vereinbarung zustande kommt. Gegen den Beschluß des Oberpräsidenten steht sowohl dem Schulverband als auch der Kirchengemeinde binnen sechs Monaten die Klage im ordentlichen Rechtswege zu.

Auch unter Beibehaltung der dauernden Vereinigung eines Kirchen- und Schulamts kann auf Antrag eines Beteiligten oder einer der Aufsichtsbehörden eine Auseinandersetzung über das Vermögen oder einzelne Vermögensstücke stattfinden.[8]) Diese Auseinandersetzung erfolgt nach den Bestimmungen des sechsten Absatzes.

[1]) Das ist der Fall bei den sog. Küsterschulen; es gab nach dem statistischen Jahrbuch für den preußischen Staat vom Jahre 1905 (S. 159) im Jahre 1901 auf dem Lande 12 832, in den Städten 1681 vereinigte Kirchendiener- und Schulstellen.

Ein dauernd vereinigtes Amt ist nicht vorhanden, wo die Übertragung des kirchlichen Amtes widerruflich oder nebenamtlich erfolgt (vgl. Erlasse vom 9. November 1883 ZBl. S. 677 und vom 7./18. März 1887 ZBl. S. 391). Die dauernde Verbindung zwischen Kirchen- und Schulamt ist da nicht ausgeschlossen, wo zwar nicht immer der Inhaber einer bestimmten Stelle an einer Schule, wohl aber immer ein Lehrer der letzteren das kirchliche Amt bekleidet hat. Dies läßt sich jedoch im einzelnen nur unter Würdigung der konkreten Verhältnisse bestimmen (vgl. Erlaß vom 26. Juli 1883 ZBl. S. 503).

[2]) Vgl. hauptsächlich § 37, II, 12 ALR., Verordnung wegen allgemeiner Separation der Küstereien an Filialkirchen von den Küstereien an den Mutterkirchen vom 2. Mai 1811 GS. S. 193 (§ 4). Gesetz, betreffend den Bau und die Unterhaltung der Schul- und Küsterhäuser vom 21. Juli 1846 GS. S. 392.

[3]) Der Bestimmung liegt der Gedanke zugrunde, daß die endgültige Trennung nicht erzwungen und nicht begünstigt werden soll; es ist deshalb eine Auseinandersetzung auf dem Wege der friedlichen Vereinbarung vorgesehen.

[4]) Diese Kautel war erforderlich, weil anderenfalls die Rente zu niedrig bemessen werden könnte und dann die Staatskasse ungerechtfertigterweise belastet würde (§ 17).

[5]) Im Falle der Vereinbarung über die Ablösung der Bauverpflichtung der kirchlichen Beteiligten durch Zahlung einer Rente sind der Berechnung des staatlichen Baubeitrages also die gesamten Baukosten abzüglich des Rentenbetrages zugrunde zu legen. Kommt dagegen eine solche Vereinbarung nicht zustande, so hat sich der Staat mit Baubeiträgen gemäß § 17 nur bezüglich der auf die Schulunterhaltungspflichtigen entfallenden Kosten, nicht auch bezüglich des auf die kirchlichen Interessenten entfallenden Kostenanteiles zu beteiligen.

[6]) Da solche Stellenvereinigungen sich historisch entwickelt haben, soll abgesehen von der Abtrennung der niederen Küsterdienste — vgl. Erlaß vom 27. Februar 1894 ZBl. S. 363 — der Regel nach an denselben festgehalten werden. Die Befugnis, die Trennung zu verlangen, steht sowohl der Schul- wie der kirchlichen Aufsichtsbehörde zu (vgl. die Erklärungen des Regierungskommissars StenBer. AH. S. 5840 u. StenBer. HH. S. 483—485). Bei einem Widerspruch der kirchlichen Interessenten gegen die Trennung ist die Entscheidung des Ministers einzuholen (Erlaß vom 17. Januar 1893 ZBl. S. 254).

Es soll nur aus sachlichen Gründen des Schul- oder Kircheninteresses, nicht aber aus Rücksichtnahme auf Verhältnisse, die blos in der Person des zeitigen Stelleninhabers liegen, zur Trennung geschritten werden (vgl. Erlaß vom 7./18. März 1887 ZBl. 391).

Jedenfalls wird das Streben, die bisher vereinigten Ämter zu trennen, mit dem Zeitpunkt zunehmen, an dem die Kirchengemeinde an Stelle eines konfessionellen Partners an der gemeinsamen Einrichtung einen interkonfessionellen Teilhaber, die politische Gemeinde erhält (KommBer. AH. S. 202). Die Trennung kann zur Vermeidung von Härten, z. B. der Doppelbesteuerung vielfach erwünscht werden. Die Kirchspiele erstrecken sich oft über mehrere Schulverbände. Der Schulverband, innerhalb dessen die

Küsterschule liegt, hat dann als solcher für sich keine besondere Baulast; er wird also vor anderen in demselben Kirchspiel gelegenen Schulverbänden bevorzugt, indem diese als zur Kirchengemeinde mitgehörig, neben ihrer eigenen Schulbaulast auch noch als Parochianen die Baulast der Küsterschule mittragen müssen. Dazu kommt, daß die politische Gemeinde, in der sich die Küsterschule befindet, vielfach die leistungsfähigere ist; denn in der Gemeinde, in der die Kirche ihren Standort hat, liegt meist der älteste und daher auch höher bewertete Besitz, während an der Peripherie die minder leistungsfähigen Gemeinden liegen (KommBer. AH. S. 203), vgl. jedoch § 2 u. 3 des Gesetzes vom 21. Juli 1846 betr. den Bau und die Unterhaltung der Schul- und Küsterhäuser vom 21. Juli 1846.

7) Damit die Rechte jeder Seite völlig gewahrt werden.

8) Um klare Verhältnisse zu schaffen, ist es erwünscht, wenn die Auseinandersetzung hinsichtlich des gemeinsamen Vermögens vor der Trennung bewirkt wird (KommBer. AH. S. 207).

§ 31.

Soweit eine anderweite Ordnung der Verhältnisse der ganz oder teilweise Schulunterhaltungszwecken gewidmeten nichtstaatlichen Fonds, welche nicht unter § 28 fallen und nicht für eine besondere Schule bestimmt sind,[1]) durch dieses Gesetz erforderlich wird, erfolgt sie mit Rücksicht auf die bisherige Zweckbestimmung mit Königlicher Genehmigung durch den Unterrichtsminister und den Finanzminister. Soweit an diesen Fonds kirchliche Rechte bestehen, ist vor Erwirkung der Königlichen Genehmigung die kirchliche Oberbehörde zu hören.

Die dem schlesischen Freikuxgelderfonds[2]) zustehenden Berechtigungen und die ihm gesetzlich obliegenden Aufgaben werden durch dieses Gesetz nicht berührt. Soweit indes eine Änderung der Verwaltungsvorschriften infolge dieses Gesetzes erforderlich wird, erfolgt sie mit Königlicher Genehmigung durch den Unterrichtsminister und den Handelsminister.

[1]) Es handelt sich hier um Fonds, welche in früheren Jahrhunderten durch Gesetz oder Verwaltungsordnung entstanden sind oder sich aus Beiträgen der Gemeinden für weitere Kreise gebildet haben, z. B. die Kirchspielsschulkassen in Ostpreußen, die am Dom zu Breslau bestehende Stiftung zur Anschaffung von Schulbüchern für arme Kinder, nicht dagegen um Fonds, welche für einzelne Schulstellen bestimmt sind (§ 28), vgl. Begr. S. 55 KommBer. AH. S. 212.

[2]) Der schlesische Freikuxgelderfonds beruht auf der revidierten Bergordnung für das Herzogtum Schlesien und die Grafschaft Glatz vom 5. Juni 1769. Er ist dazu bestimmt, zur Entlastung der Bergknappschaftsgenossen, ohne Unterschied der Konfession, hinsichtlich ihrer Kirchen- und Schulabgaben zu dienen. Diese seine Zweckbestimmung, die in den zwanziger Jahren des vorigen Jahrhunderts in Zweifel gezogen wurde, ist durch die Allerhöchste Kabinettsorder vom 9. März 1830 (GS. S. 48) gesetzlich außer allen Zweifel gestellt worden. Die Verwaltung des Fonds erfolgt durch das Oberbergamt in Breslau auf Grund eines von dem Handelsminister und Unterrichtsminister mit Allerhöchster Genehmigung unter dem 24. März 1868 erlassenen Regulativs nebst Nachtrag vom 31. Juli 1869. Die Leistungen des Fonds bestehen in Beiträgen zu Schulbauten, in

Lehrmitteln und Schulbüchern und in Beiträgen zu den laufenden Schulunterhaltungskosten. Die Gewährung der Leistungen erfolgt nach bestimmten Grundsätzen, jedoch immer unter Berücksichtigung der Zweckbestimmung des Fonds — Entlastung der Bergknappschaftsgenossen. Da nach dem bisher geltenden schlesischen Recht die in den Gutsbezirken wohnenden Knappen, nur insoweit es sich um evangelische Schulen handelt, als Hausväter zu den Schullasten herangezogen werden konnten, während im übrigen die Gutsherrschaften ihre Leistungen an Schulunterhaltungslasten auf die Gutseingesessenen nicht repartieren durften, sondern der Gutsherr allein diese Ausgaben zu bestreiten hatte, so konnten bisher auch nur jene der Benefizien des Fonds teilhaftig werden. Ob künftighin die in einem Gutsbezirk wohnenden Knappen an dem Fonds zu beteiligen sind, wird davon abhängen, ob hier eine Unterverteilung der Schullasten stattfinden wird oder nicht (§ 8).

Die Mittel des Fonds sind nicht unbedeutend. Im Jahre 1904 betrugen die Einnahmen 844 505 M. Davon sind ausgegeben worden 772 235 M., und zwar für Kirchenkosten 169 160 M., für Schulkosten fast 600 000 M., davon für Schulbauten 226 440 M., für Lehrmittel, Schulbücher usw. 185 261 M., für Schulunterhaltung 175 835 M. (vgl. KommBer. AH. S. 213—221).

§ 32.[1])

Die bisher auf allgemeiner Rechtsnorm (Gesetz, Provinzialrecht, Orts- oder Schulverfassung, Gewohnheitsrecht oder Herkommen) beruhenden Verpflichtungen für die Zwecke der Volksschule kommen, soweit sie nicht durch dieses Gesetz aufrecht erhalten werden, in Fortfall.[2]) Dies gilt auch von den laufenden Verpflichtungen, welche die nach allgemeiner Rechtsnorm für Schulzwecke Verpflichteten mit Rücksicht auf diese Verpflichtung über das durch die Norm gegebene Maß hinaus freiwillig übernommen haben.[3])

Dagegen bleiben die auf besonderen Rechtstiteln[4]) beruhenden Verpflichtungen Dritter[5]) für die Zwecke der Volksschule bestehen.

Soweit die Verpflichtungen des Fiskus nicht auf einem guts- oder grundherrlichen oder Domanialverhältnisse beruhen, gilt die Vermutung, daß sie auf besonderen Titeln (Abs. 2) beruhen.[6])

Die bisherigen Leistungen des Fiskus aus § 45 der Schulordnung für die Provinz Preußen vom 11. Dezember 1845 werden fortgewährt.[7]) An Stelle der Lieferung des Brennbedarfs in Holz oder Torf tritt eine Geldrente, welche auf fünf Mark für den Raummeter weiches Klobenholz zu bemessen ist. Diese Geldrente ist sowohl auf Antrag des Verpflichteten als des Berechtigten mit sechsmonatiger Kündigung zum fünfundzwanzigfachen Betrag ablösbar.

Nach Verlauf von je zehn Jahren hat der Provinzialrat der Provinz Ostpreußen die Geldrente erneut, aber mindestens auf fünf Mark für den Raummeter weiches Klobenholz festzusetzen.

[1]) Der § 32 ist die selbstverständliche, aber auch notwendige Ausgestaltung des Grundgedankens, auf dem das ganze Gesetz sich aufbaut, daß nämlich Träger der öffentlich-rechtlichen Volksschullasten nur die Gemeinden bzw. Gutsbezirke sind. Es werden deshalb sämtliche durch dieses Gesetz nicht begründeten oder nicht ausdrücklich vorbehaltenen Verpflichtungen mit Ausnahme der auf besonderen Rechtstiteln beruhenden Verpflichtungen Dritter entsprechend dem Artikel 25 der Verfassungsurkunde vom 31. Januar 1850 aufgehoben. Abweichend von dieser Bestimmung der Verfassung lassen die bisherigen Gesetze in der Regel neben der in ihnen ausdrücklich ausgesprochenen Verpflichtung zur Schulunterhaltung eine Verbindlichkeit zu Leistungen für Schulzwecke zu, welche durch besondere Rechtstitel begründet ist, vgl. § 38 der Schulordnung für die Elementarschulen der Provinz Preußen vom 11. Dezember 1845 (GS. 1846 S. 1), § 29 II 11 ALR., § 15 des hannoverschen Gesetzes betreffend das christliche Volksschulwesen vom 26. Mai 1845 (GS. S. 465), § 6 des Gesetzes vom 21. Juli 1846 betreffend den Bau und die Unterhaltung der Schul- und Küsterhäuser (GS. S. 392). Auch wo derartige besondere Vorschriften nicht bestanden, ist die Begründung der Schulunterhaltung durch besondere Rechtstitel in der Verwaltung und Rechtsprechung jederzeit anerkannt worden. Nunmehr fallen nicht nur die bisherigen die Schullast regelnden allgemeinen Gesetze und provinziellen Bestimmungen, sondern auch die örtlichen Normen fort, mögen sie im Herkommen oder in besonderen Rechtstiteln bestehen. Die hier in Frage stehenden besonderen Rechtstitel sind Rechtsakte, durch welche unabhängig von Gesetzesrecht und Herkommen eine Verpflichtung begründet oder eine bestehende festgestellt wird, wie Verträge, Vergleiche, Judikate einerseits, sowie Stiftungen, Schenkungen, Widmungen, letztwillige Verfügungen andererseits (vgl. E. OVG. vom 18. Januar 1895 ZBl. S. 379). Die

Verpflichtungen sind vielfach in Schulrezessen, Matrikeln, Einkommensverzeichnissen, Abgabenregulierungsplänen, Auseinandersetzungsrezessen niedergelegt. Da das Gesetz nur die Regelung der öffentlich-rechtlichen Verhältnisse zum Gegenstand hat, so bleiben die Privatrechtstitel völlig unberührt. Es können aber auch die ursprünglich auf Privatrecht beruhenden Rechtstitel zu solchen des öffentlichen Rechts werden, nämlich dann, wenn die durch sie begründeten Verpflichtungen durch die ausdrückliche oder stillschweigende Genehmigung der Aufsichtsbehörde öffentlich-rechtliche Gültigkeit erlangt haben und damit zu einer besonderen Grundlage der örtlichen Schulverfassung geworden sind. Begr. S. 55/56.

²) Siehe in Anm. 1.

³) Vermögensstücke, die aus dem Eigentum der Schulunterhaltungspflichtigen in dasjenige der Schule oder des Schulverbandes bereits übergegangen sind, verbleiben den letzteren, dagegen können andererseits bei fortlaufenden wiederkehrenden Leistungen neue Leistungen von den Verpflichteten nicht mehr gefordert werden. Zweifel könnten entstehen bei solchen Rechten, deren Bestellung sich zwar in einem einmaligen Akt erschöpft, deren Wirkung aber auch für die Zukunft sich als eine Beschränkung des Vermögens der Verpflichteten darstellt, insbesondere bei Nießbrauchs- und sonstigen Gebrauchsrechten an Gebäuden und Zubehörstücken. Es kann nicht der Absicht des Gesetzes und der Regelung der gesamten Verhältnisse entsprechen, wenn z. B. ein Gutsherr in Ausübung seiner öffentlich-rechtlichen Baupflicht an seinen eigenen Gebäuden der Schule ein Nießbrauchsrecht dauernd eingeräumt und damit sich dieses Vermögensbestandteiles tatsächlich völlig entledigt hat, ihm zu gestatten, die Zurückziehung wegen Übergangs der Schullast auf andere Verbände herbeizuführen, an deren Lasten der Gutsherr jetzt in anderer Weise beteiligt wird. Das Gesetz will dies dadurch zum Ausdruck bringen, daß es bei der Aufhebung der

Verpflichtungen ausdrücklich nur die laufenden Leistungen erwähnt, vgl. Begr. S. 57/58.

[4]) Siehe in Anm. 1.

[5]) Als „Dritte“ sind diejenigen Personen anzusehen, welche außerhalb des Kreises der durch allgemeine Rechtsnorm bestimmten Schulunterhaltungspflichtigen stehen.

Als „Dritte“ kommen insbesondere die kirchlichen Interessenten, soweit sie nicht als Träger der Schulunterhaltung in Betracht kommen, auf Grund von kirchlichen Stiftungen in Frage (Begr. S. 58). Ferner: der Fiskus. Seine Leistungen auf Grund der Säkularisation sind im großen ganzen Verpflichtungen geworden, die auf besonderen Rechtstiteln beruhen. Es muß aber dem ordentlichen Richter überlassen bleiben, das im einzelnen Falle zu entscheiden (Erklärung des Vertreters der Unterrichtsverwaltung in der Kommission des Abgeordnetenhauses Ber. S. 223). Der Fiskus ist auch weiter noch vielfach verpflichtet z. B. in solchen Fällen, wo früher aus Wohlwollen gegebene Beihilfen im Laufe der Zeit zu rechtlichen Verpflichtungen erklärt worden sind (KommBer. AH. S. 227).

Neben den Verpflichtungen der Kirche und des Fiskus kommen noch die durch die modernen wirtschaftlichen Verhältnisse herbeigeführten Aufwendungen der Unternehmer bei Ansiedelungen, z. B. nach dem Gesetze betr. die Gründung neuer Ansiedelungen vom 25. August 1876 in der Fassung des Gesetzes vom 10. August 1904 (GS. S. 227) in Frage, ferner die vielfach von Aktiengesellschaften und Fabrikunternehmern, die nicht zu den Trägern der Schullast gehörten, übernommenen Leistungen, um die Errichtung von Schulen in der Nähe ihrer Etablissements zu fördern. „Dritte“ sind auch die Gemeinden, denen auf Grund des § 53 des Kommunalabgabengesetzes vom vom 14. Juli 1893 besondere Leistungen auferlegt werden (Begr. S. 58/59).

Soweit in den Rezessen öffentlich-rechtliche Verpflichtungen der nicht zu den Dritten gehörigen Schullastpflichtigen, insbesondere der Gutsherren, geregelt sind, fallen dieselben fort; soweit in den Rezessen aber Verpflichtungen Dritter, z. B. der Kirche geregelt sind, bleiben sie bestehen (KommBer. HH. S. 59 u. StenBer. HH. S. 486).

[6]) Mit Rücksicht darauf, daß der positive Nachweis, ob und inwieweit eine Verpflichtung des Fiskus zur Schulunterhaltung auf einem besonderen Titel beruht oder allgemeiner Natur ist, schwierig sein wird, ist nach der alten Rechtsregel „in dubio contra fiscum" für solche Verpflichtungen, die ipso jure jetzt wegfallen, infolge eines Beschlusses der Kommission des Abgeordnetenhauses im Gesetz die Vermutung ausgesprochen worden, daß sie auf besonderen Titeln beruhen. Dadurch ist dem Fiskus die Beweispflicht auferlegt worden, „dem bei allen öffentlich-rechtlichen Verhältnissen mit seiner großen Zahl geschulter Beamten und den zahlreichen Urkunden in den Archiven eine Beweisführung leichter falle, als Privatpersonen". Dadurch, daß der Fiskus oft die gegen ihn sprechende Rechtsvermutung nicht wird beseitigen können, wird eine an sich durchaus erwünschte, wenn auch auf Kosten des Fiskus erfolgende Rechtssicherheit herbeigeführt, durch welche jedenfalls eine große Anzahl von Prozessen vermieden werden wird. Streitigkeiten über die öffentlich-rechtlichen Verpflichtungen des Fiskus sind im Verwaltungsstreitverfahren zu entscheiden (KommBer. AH. S. 223/224 u. 226).

[7]) § 45 lautet:

In betreff der Schulen in den Domänendörfern, auf welche der § 44 ebenfalls Anwendung findet, gelten außerdem folgende besonderen Bestimmungen:

1. Die Gemeinden, welche die zur Schule gehörigen Gebäude massiv errichten, erhalten außer dem dazu anschlagsmäßig erforderlichen Holze und dem Taxwert des Holzes, welcher bei dem Massiv-

bau gegen den Bau im Fachwerk erspart wird, eine Bauprämie von 40 Talern aus Unseren Forst- und Domänenkassen.

2. Sind die Schulgebäude durch Feuer oder anderen Zufall zerstört, so gibt der Fiskus zu deren Wiederaufbau das freie Bauholz nur dann ganz oder teilweise her, wenn die Schulgemeinde nicht selbst eine Waldung besitzt, aus welcher solches bei forstwirtschaftlicher Benutzung ganz oder teilweise entnommen werden kann. Diese Verpflichtung des Fiskus erstreckt sich jedoch nicht auf das zu Türen und Fenstern erforderliche Holz.

3. Der Bauplatz für die zur Schule gehörigen Gebäude und deren Erweiterungen wird aus den Domänenländereien unentgeltlich angewiesen; insoweit dergleichen geeignete Grundstücke an dem Orte der Schule vorhanden sind.

4. Der erste Lehrer an der Schule erhält einen Kulmischen Morgen Ackerland steuerfrei zu seiner Benutzung oder statt dessen eine dem Ertrage desselben entsprechende Geld- oder Naturalrente aus Unserer Forst- und Domänenkasse.

5. Das zur Heizung der Schulstuben und der Lehrerwohnung, sowie zum Wirtschaftsbedarf der Lehrer erforderliche Brennmaterial wird aus Unseren Forsten, frei von Anweisegeld, gewährt und ist durch die Gemeinden anzufahren. Der Betrag des zu bewilligenden Brennholzes darf jedoch für keine Schulklasse mehr als 15 Klafter weiches Klobenholz betragen.

6. Wo Torf oder Knüppel angewiesen werden, sind angemessene Verhältnisse gegen das Klobenholz festzusetzen.

An sich würden diese fiskalischen Verpflichtungen gemäß Abs. 1 dieses Paragraphen in Fortfall kommen, sie sind jedoch zur möglichsten Schonung der beteiligten Schulverbände aufrechterhalten worden. Aus wirtschaftlichen Gründen ist die Umwandlung der Brennholzlieferung in eine Geldrente und ihre Ablösbarkeit angeordnet. Begr. S. 57.

Vierter Abschnitt.

Konfessionelle Verhältnisse.*

§ 33.

Die öffentlichen Volksschulen sind in der Regel[1]) so einzurichten, daß der Unterricht evangelischen Kindern durch evangelische Lehrkräfte, katholischen Kindern durch katholische Lehrkräfte erteilt wird.[2])[3])

Wo in einem Schulverbande neben drei- oder mehrklassigen Schulen einklassige Schulen oder neben Schulen der im § 36 bezeichneten Art solche der in den §§ 35, 38 und 40 Abs. 1 bezeichneten Art bestehen, sollen Kinder, soweit es mit der Rücksicht auf die örtlichen Schulverhältnisse vereinbar ist, insbesondere soweit dadurch nicht der Bestand einer bereits vorhandenen Schule gefährdet oder die Errichtung einer neuen Schule erforderlich wird, nicht gegen den Willen der Eltern oder deren Stellvertreter der einen oder anderen Schulart zugewiesen werden.[4])

*) Vgl. Begr. S. 59—68, KommBer. AH. S. 239 bis 325, 547—570, KommBer. HH. S. 60—80.

[1]) Das Grundprinzip des Gesetzes ist: „Jedes Kind soll möglichst von einem Lehrer seiner Konfession unterrichtet werden.“ Die Simultanschule stellt die — wenn auch rechtlich anerkannte — Ausnahme dar; vgl. § 36 Abs. 1, 2, 4.

[2]) Das Gesetz berücksichtigt zunächst nur die Anhänger der christlichen Bekenntnisse, die Evangelischen und Katholiken. Es sind hierunter zu verstehen die Mitglieder der öffentlich aufgenommenen privilegierten Kirchengesellschaften, der evangelischen und katholischen Kirche, sodann die Mitglieder der konzessionierten Kirchengesellschaften, wie die Herrenhuter, die Böhmischen Brüdergemeinden und die Altlutheraner, endlich die sogenannten geduldeten Religionsgesellschaften, wie die Mennoniten usw. Es wird nicht zwischen den verschiedenen Arten der Evangelischen und Katholiken (Lutheraner, Reformierte, sonst anerkannte Religionsgesellschaften usw.) unterschieden. Begr. S. 61/62.

[3]) Die Verhältnisse der Juden sind einer besonderen Regelung unterworfen, siehe § 40.

[4]) Der Absatz 2 gibt die Hauptsätze wieder, die die Unterrichtsverwaltung von jeher bezüglich der Regelung des Schulbesuches befolgt hat. Die Abtrennung der Schulbezirke erfolgt nach schultechnischen und schulpolizeilichen Rücksichten. Die von den verschiedensten Beweggründen getragenen Wünsche der Eltern auf Beschulung ihrer Kinder in einer bestimmten Schule und Schulart sind nach Möglichkeit zu berücksichtigen, jedoch immerhin nur soweit es nach den örtlichen Verhältnissen angeht. Ein völlig freies Wahlrecht kann den Eltern nicht zugestanden werden, da es an den örtlichen Unmöglichkeiten scheitern würde. Zwei Gründe für die Beschränkung des Wahlrechts der Eltern sind im Gesetz selbst aufgeführt: „Gefährdung des Bestandes einer bereits vorhandenen Schule“ und „Notwendigkeit der Errichtung einer neuen Schule“. Wenn in dieser Beziehung das Wahlrecht nicht beschränkt würde, so würde schließlich ohne

„besondere Gründe" die Simultanschule tatsächlich zur Einführung gebracht werden können; es würde also einer nicht beabsichtigten Entwicklung Tür und Tor geöffnet sein; vgl. KommBer. AH. S. 273/274.

§ 34.

Lediglich wegen des Religionsbekenntnisses darf keinem Kinde die Aufnahme in die öffentliche Volksschule seines Wohnorts versagt werden.[1])

[1]) Jedes Kind hat also einen Anspruch auf die Aufnahme in die öffentliche Volksschule seines Wohnortes — der übrigens nicht notwendig mit dem Wohnsitz im Sinne des bürgerlichen Rechts zusammenfällt — selbst wenn diese Schule mit Lehrern einer anderen Konfession besetzt ist. Im übrigen vgl. § 33 Abs. 2.

§ 35.

An Volksschulen, die mit einer Lehrkraft besetzt sind, ist stets eine evangelische oder eine katholische Lehrkraft anzustellen, je nachdem die angestellte Lehrkraft oder die zuletzt angestellt gewesene Lehrkraft evangelisch oder katholisch war.[1])

Statt der evangelischen Lehrkraft soll bei Erledigung der Stelle[2]) in der Regel eine katholische angestellt werden, wenn fünf Jahre nacheinander[3]) mindestens zwei Drittel der die Schule besuchenden einheimischen Kinder, ausschließlich der Gastschulkinder, katholisch gewesen sind, und während dieser Zeit die Zahl der evangelischen Kinder weniger als zwanzig betragen hat.[4]) Unter den entsprechenden Voraussetzungen soll in der Regel statt einer katholischen Lehrkraft eine evangelische angestellt werden. Die Veränderung bedarf der Zustimmung des Unterrichtsministers.[5])

[1]) Wegen der Anstellung weiterer Lehrkräfte siehe § 38 Abs. 1 Satz 2.

[2]) Ist die Stelle nicht erledigt, so kann die Schulaufsichtsbehörde, wenn sie es für zweckmäßig hält, auf die Versetzung des Stelleninhabers Bedacht nehmen.

[3]) Die Erledigung der Stelle ist der Zeitpunkt, von wo ab die fünf Jahre zu rechnen sind; also während der fünf Jahre unmittelbar vor Erledigung der Stelle muß die Zweidrittelmajorität der Kinder der anderen Konfession angehört haben (KommBer. AH. S. 278 u. StenBer. AH. S. 5114).

[4]) Die Worte „fünf Jahre nacheinander" und „während dieser Zeit" bis „betragen hat" sind eingefügt zum Schutze der vorhandenen konfessionellen, historisch gewordenen Schulen. Diese sollen so lange in ihrem Bestande erhalten bleiben, als es nach normalen Verhältnissen angängig erscheint. Die Zahl 20 ist gewählt worden, weil in der Regel in der Praxis die Aufhebung einer Schule erfolgt, wenn die Schülerzahl dauernd unter 20 sinkt (KommBer. AH. S. 277/278).

[5]) Die Umwandlung ist an die Zustimmung des Unterrichtsministers geknüpft, damit Ausnahmen berücksichtigt werden können, die insbesondere im kirchlichen Interesse bei vereinigten Schul- und Kirchenämtern notwendig werden können. Begr. S. 62.

§ 36.

An einer Volksschule, an der nach ihrer besonderen Verfassung bisher gleichzeitig evangelische und katholische Lehrkräfte anzustellen waren, behält es dabei auch in Zukunft sein Bewenden; in einem Schulverband, in dem lediglich Volksschulen der vorbezeichneten Art bestehen, können neue Volksschulen nur auf derselben Grundlage errichtet werden. Eine Änderung kann aus besonderen Gründen[3]) durch Beschluß des Schulverbandes mit Genehmigung der Schulaufsichtsbehörde herbeigeführt werden.[1])

Bestehen in einem Schulverbande neben Schulen der im Abs. 1 bezeichneten Art solche, an denen nur evangelische oder nur katholische Lehrkräfte anzustellen sind, so soll bei Errichtung neuer Schulen darauf geachtet werden, daß das bisherige Verhältnis der Beschulung der Kinder in Schulen der einen oder anderen Art möglichst beibehalten wird.[2])

Die vorstehenden Vorschriften finden keine Anwendung auf die Schulen, bei welchen die Verschiedenheit in dem Bekenntnisse der Lehrkräfte lediglich dadurch herbeigeführt ist, daß für die Schulkinder des einen Bekenntnisses die Erteilung des Religionsunterrichts ermöglicht werden sollte (§ 37 Abs. 3).

Schulen der im Abs. 1 bezeichneten Art können aus besonderen Gründen[3]) auch von anderen Schulverbänden mit Genehmigung der Schulaufsichtsbehörde errichtet werden. Der Beschluß des Schulverbandes ist nebst der Genehmigungserklärung der Schulaufsichtsbehörde in ortsüblicher Weise bekannt zu machen. Binnen vier Wochen vom Tage der Bekanntmachung ab kann von Beteiligten das Vorhandensein besonderer Gründe[3]) durch Einspruch beim Kreisausschusse, sofern eine Stadt beteiligt ist, beim Bezirksausschusse bestritten werden. Gegen die Beschlüsse des Kreisausschusses oder des Bezirksausschusses ist die Beschwerde an den Provinzialrat zulässig.[4])

Versagt die Schulaufsichtsbehörde die Genehmigung, weil sie besondere Gründe[3]) nicht als vorliegend erachtet, so steht den Schulverbänden die Beschwerde an den Provinzialrat zu.

Gegen den Beschluß des Provinzialrats findet die Klage im Verwaltungsstreitverfahren bei dem Oberverwaltungsgericht innerhalb vier Wochen statt.[5])[6])

Für die Stadt Berlin tritt an die Stelle des Bezirksausschusses (Abs. 4) die Schulaufsichtsbehörde. Gegen die Entscheidung der Schulaufsichtsbehörde findet in den Fällen der Abs. 4 und 5 innerhalb vier Wochen die Klage im Verwaltungsstreitverfahren beim Oberverwaltungsgerichte statt.[7])

In den Hohenzollernschen Landen entscheidet der Unterrichtsminister endgültig.[8])

Beträgt in einer gemäß Abs. 4 errichteten Schule die Zahl der die Schule besuchenden einheimischen evangelischen oder katholischen Kinder mit Ausschluß der Gastschulkinder während fünf aufeinanderfolgender Jahre über 60, in den Städten sowie in Landgemeinden von mehr als 5000 Einwohnern über 120, so ist, sofern die gesetzlichen Vertreter von mehr als 60 bezw. 120 dieser Kinder den Antrag bei der Schulaufsichtsbehörde stellen, für diese eine Beschulung in Schulen mit lediglich evangelischen oder lediglich katholischen Lehrkräften einzurichten, falls im Schulverbande eine Schule der letzteren Art nicht bereits besteht, in welche die Kinder eingeschult werden können.[9])

Bei den nach Abs. 9 gemäß dem Gesetze vom 26. Mai 1887 (Gesetz-Samml. S. 175) zu stellenden Anforderungen darf von den Beschlußbehörden die Notwendigkeit der Beschulung in Schulen mit lediglich evangelischen oder lediglich katholischen Lehrkräften nicht mit Rücksicht auf das Bedürfnis der Schule oder auf die Leistungsfähigkeit der Verpflichteten verneint werden.

An einer Schule der im Abs. 1 und Abs. 4 bezeichneten Art soll die Zusammensetzung des Lehrkörpers sich tunlichst dem Verhältnisse der die Schule besuchenden Kinder anschließen.[10])

[1]) Es handelt sich nur um zur Zeit des Inkrafttretens des Gesetzes bereits mehrstellige Schulen (bezüglich der Anstellung weiterer Lehrkräfte an den bisher nur mit einer Lehrkraft besetzten Schulen siehe § 38 Abs. 1 Satz 2). Aus der Tatsache, daß zu diesem Zeitpunkt Lehrer verschiedener Konfession an dieser Schule angestellt waren, ist noch nicht mit absoluter Notwendigkeit zu folgern, daß es sich um eine Simultanschule handelt. Es kommt nicht auf den augenblicklichen tatsächlichen, sondern auf den rechtlichen, schulverfassungsmäßigen Zustand an. Es bleibt also gegebenenfalls zu prüfen, ob die Verfassung der Schule die gleichzeitige Anstellung von Lehrkräften verschiedener Konfession fordert. Im übrigen geht der Abs. 1 davon aus, daß Simultanschulen da, wo sie bei Einführung des Gesetzes vorhanden sind, bestehen bleiben und daß da ohne „besondere Gründe" neue Simultanschulen errichtet werden können. Jedoch kann aus besonderen Gründen mit Genehmigung der Schulaufsichtsbehörde die Verfassung der bestehenden Schule geändert, also eine Simultanschule in eine Konfessionsschule umgewandelt, wie auch eine neue Schule als Konfessionsschule errichtet werden.

[2]) Abs. 2 bestimmt, daß da, wo bisher — d. h. beim Inkrafttreten des Gesetzes — neben Simultanschulen auch Konfessionsschulen bestehen (besonders in Frankfurt a. M.), die weitere Entwicklung beider Schularten nicht frei vor sich gehen darf, sondern daß das Verhältnis der gegenwärtigen Beschulung der Kinder für die weitere Entwicklung maßgebend sein soll.

Durch den Ausdruck „Beschulung" soll zum Ausdruck gebracht werden, daß die Zahl der Kinder, die in Konfessions- resp. Simultanschulen gehen, nicht aber die Zahl der Anstalten konfessioneller resp. simultaner Art entscheidend sein soll (KommBer. AH. S. 280).

[3]) Es ist mit Absicht davon Abstand genommen worden, die besonderen Gründe ausführlich im Gesetz zu

spezialisieren. Die Modalitäten sind so verschiedenartig gestaltet, daß es nicht möglich gewesen wäre, alle Fälle im Gesetz bestimmt festzulegen, und es unterlag schweren Bedenken, einer neuen Entwicklung Bahnen zu weisen, ohne übersehen zu können, wie diese sich wirklich gestalten würde. Die besonderen Gründe dürfen aber zweifellos nicht allgemeiner Natur sein, sich also nicht darauf gründen, daß man dem Simultanschulsystem vor dem Konfessionsschulsystem den Vorzug gibt. Auch nicht lediglich äußere Gründe, wie Ersparnisse im Schuletat, Verbesserung der hygienischen Einrichtungen, stellen schon solche Voraussetzungen dar, die eine andere als die bisherige Schulverfassung begründen könnten. Es müssen solche einer Ausnahmeart sein gegenüber einer Regel und auf konkrete, lokale, individuelle Verhältnisse basiert sein (KommBer. AH. S. 282, 284, 286, 288 ff., Komm.-Ber. HH. S. 64). Bei der Würdigung der besonderen Gründe dürfen die kirchlichen Interessen nicht außer acht bleiben (Erklärung des Unterrichtsministers StenBer. HH. S. 488).

[4]) In diesem dem Gesetz vom 26. Mai 1887 betr. die Feststellung von Anforderungen für Volksschulen nachgebildeten Verfahren entscheiden die Beschlußbehörden also nur darüber, ob besondere Gründe vorliegen.

[5]) Im Interesse einer einheitlichen Judikatur schien es erwünscht, eine Zentralinstanz zu schaffen. Die Übertragung der letztinstanzlichen Entscheidung an den Unterrichtsminister hätte mehr in den Rahmen der Organisation gepaßt, wurde aber von der Kommission des Abgeordnetenhauses verworfen, da dies die Tätigkeit der Selbstverwaltungsorgane lahmlegen und dazu führen würde, daß die unteren Organe mehr als Begutachter, als entscheidende Instanz in Frage kämen. Die Einsetzung des Oberverwaltungsgerichts als letzte Instanz ist formell und materiell etwas Neues, als nach dem Gesetz vom 26. Mai 1887 nur der Oberpräsident befugt ist, Be-

schlüsse des Provinzialrats, wenn sie die Gesetze verletzen oder dessen Befugnisse überschreiten, auf dem Wege der Klage beim OVG. anzufechten, hier aber beiden Teilen ganz allgemein eine Klage, die auch tatsächliche Momente zu ihrem Fundament nehmen kann, gegeben ist. Das Oberverwaltungsgericht hat sich also mit reinen Ermessungsfragen zu beschäftigen (KommBer. AH. S. 559ff.).

[6]) Sowohl in den Fällen des Abs. 4 wie auch des Abs. 5 ist die Klage beim Oberverwaltungsgericht zulässig (KommBer. HH. S. 75).

[7]) Für die Stadt Berlin war eine anderweite Regelung des Verfahrens notwendig, da hier gemäß § 43 des Landesverwaltungsgesetzes der Bezirksausschuß nicht zuständig ist. An seine Stelle tritt das Provinzial-Schulkollegium. Die Mittelinstanz fällt aus.

[8]) Vgl. § 5 des Landesverwaltungsgesetzes vom 30. Juli 1883.

[9]) Weit entfernte Schulen in einer großen Gemeinde sind als Schulen, in welche die Kinder eingeschult werden könnten, nicht anzusehen (KommBer. AH. S. 293).

[10]) Die Konfession der angestellten Lehrkräfte soll tunlichst im Verhältnis zur Konfession der Schulkinder stehen.

§ 37.

Beträgt in einer öffentlichen Volksschule, die nur mit katholischen oder nur mit evangelischen Lehrkräften besetzt ist, die Zahl der einheimischen evangelischen oder katholischen Schulkinder[1])[2]) dauernd mindestens zwölf,[3]) so ist tunlichst[4]) für diese ein besonderer Religionsunterricht einzurichten.

Bei den nach Abs. 1 gemäß dem Gesetze vom 26. Mai 1887 (Gesetz-Samml. S. 175) zu stellenden

Anforderungen darf von den Beschlußbehörden die Notwendigkeit des besonderen Religionsunterrichts nicht mit Rücksicht auf das Bedürfnis der Schule oder mit Rücksicht auf die Leistungsfähigkeit der Verpflichteten verneint werden.

Wo eine anderweite Beschaffung dieses Unterrichts mit erheblichen Schwierigkeiten und Kosten verbunden ist, darf zum Zwecke seiner Erteilung eine evangelische oder katholische Lehrkraft angestellt werden, welche auch mit der Erteilung anderweiten Unterrichts zu betrauen ist.[5])

[1]) Bezüglich des besonderen Religionsunterrichts für die jüdischen Schulkinder siehe § 40 Abs. 2.

[2]) Der in dem Entwurf enthaltene Zusatz „mit Ausschluß der Gastkinder" ist von der Kommission des Abgeordnetenhauses gestrichen worden, weil es angemessen sei, den Religionsunterricht auch dann einzurichten, wenn überhaupt dauernd mindestens zwölf Schulkinder einer Minoritätskonfession vorhanden seien, selbst wenn sich Gastschulkinder darunter befinden sollten, so lange es sich unter Beobachtung der Bestimmung des § 5 ermöglichen lasse (KommBer. AH. S. 565).

[3]) Die Zahl entspricht der bisherigen Praxis.

[4]) Es kommen oft Fälle vor, daß es tatsächlich unmöglich ist, einen Religionsunterricht einzurichten, weil kein Lehrer, nicht einmal ein Geistlicher, vorhanden ist (KommBer. AH. S. 297).

[5]) Wenn in einer einklassigen evangelischen Schule der Hilfslehrer für die Minderheit Religionsunterricht erteilt und, um nicht sonst unbeschäftigt zu sein, auch mit dem Unterricht in anderen Fächern betraut wird, dann darf der katholische Hilfslehrer nicht in die Stelle des

ersten Lehrers rücken, wenn dieser abgeht; vielmehr muß in Gemäßheit des § 35 solange ein evangelischer Lehrer angestellt werden, bis die Voraussetzungen dieses Paragraphen für die Anstellung eines katholischen Lehrers erfüllt sind (KommBer. AH. S. 299). Es erfährt also durch Abs. 3 der konfessionelle Charakter der Schule keine Änderung.

§ 38.

Im übrigen sind an öffentlichen Volksschulen, welche mit mehreren Lehrkräften besetzt sind, nur evangelische oder nur katholische Lehrkräfte anzustellen. Bei der Anstellung weiterer Lehrkräfte an den bisher nur mit einer Lehrkraft besetzten Schulen (§ 35) sind evangelische oder katholische Lehrkräfte anzustellen, je nachdem die bisherige einzige Lehrkraft evangelisch oder katholisch war.[1])

Statt der Besetzung der Schulstellen mit evangelischen Lehrkräften soll bei mehrklassigen Volksschulen in der Regel eine Besetzung mit katholischen Lehrkräften herbeigeführt werden, wenn fünf Jahre nacheinander mindestens zwei Drittel der die Schule besuchenden einheimischen Schulkinder, ausschließlich der Gastschulkinder, katholisch gewesen sind, und während dieser Zeit die Zahl der evangelischen Kinder weniger als vierzig betragen hat. Unter den entsprechenden Voraussetzungen sollen in der Regel statt katholischer Lehrkräfte evangelische angestellt werden. Die Veränderung bedarf der Zustimmung des Unterrichtsministers.[2])

[1]) Wird an einer bisher nur mit einer Lehrkraft besetzten Schule eine weitere Lehrkraft angestellt, so muß diese der Konfession des bisherigen Lehrers angehören (Begr. S. 62), falls nicht die Voraussetzungen des Abs. 2 des § 35 schon vorher vorlagen.

[2]) Vgl. Anm. 5 in § 35.

§ 39.

Beträgt in einem Schulverbande, welcher lediglich mit katholischen Lehrkräften besetzte öffentliche Volksschulen enthält, die Zahl der einheimischen schulpflichtigen evangelischen Kinder, mit Ausschluß der Gastschulkinder, während fünf aufeinander folgender Jahre über 60, in den Städten sowie in Landgemeinden von mehr als 5000 Einwohnern über 120, so ist, sofern seitens der gesetzlichen Vertreter[1]) von mehr als 60 bezw. 120 schulpflichtigen Kindern der genannten Art der Antrag bei der Schulaufsichtsbehörde gestellt wird, für diese eine Beschulung in Schulen mit lediglich evangelischen Lehrkräften einzurichten.

Bei den nach Maßgabe des Abs. 1 auf Grund des Gesetzes vom 26. Mai 1887 (Gesetz-Samml. S. 175) zu stellenden Anforderungen darf von den Beschlußbehörden die Notwendigkeit der Beschulung in Schulen mit lediglich evangelischen Lehrkräften mit Rücksicht auf das Bedürfnis der Schule oder auf die Leistungsfähigkeit der Verpflichteten nicht verneint werden.[2])

Die Vorschriften der Abs. 1 und 2 finden bezüglich der Beschulung der katholischen Kinder sinngemäß Anwendung, wenn in einem Schulverbande lediglich mit evangelischen Lehrkräften besetzte öffentliche Volksschulen vorhanden sind.

Eine nach Maßgabe des § 37 Abs. 3 eingerichtete Volksschule ist im Sinne der vorstehenden Vorschriften den lediglich mit katholischen oder lediglich mit evangelischen Lehrkräften besetzten Volksschulen gleichzustellen.

Bleibt die Zahl der Kinder einer konfessionellen Minderheit unter der im Abs. 1 festgesetzten Mindestzahl, so darf für diese eine Beschulung in Schulen mit Lehrkräften ihrer Konfession von der Schulaufsichtsbehörde nur aus besonderen Gründen[3]) angeordnet werden.[4])

[1]) Darunter ist, wie im Bürgerlichen Gesetzbuch, der zu verstehen, dem die Sorge für die Person des Kindes obliegt; vgl. § 6 Anm. 3.

[2]) Der der konfessionellen Minderheit in Abs. 1 gegebene Anspruch ist ein unbedingter und kann daher nicht der Entscheidung der Beschlußbehörden nach Maßgabe des Gesetzes vom 26. Mai 1887 unterworfen werden.

[3]) Vgl. dieserhalb Anm. 3 zu § 36.

[4]) Dagegen ist den Schulverbänden die Befugnis, ihrerseits auch unter der Grenze von 60 bzw. 120

Kindern eine konfessionelle Teilung vorzunehmen, nicht beschränkt worden. Die Schulaufsichtsbehörde ihrerseits kann einem solchen Beschluß die Genehmigung versagen, z. B. mit Rücksicht auf die Leistungsverhältnisse des Schulverbandes oder aus pädagogischen Gesichtspunkten, etwa zur Vermeidung der Einrichtung von Zwergschulen. An sich werden Fälle, in denen die Schulverbände von sich aus freiwillig eine besondere Schule für die Minorität errichten wollen, wohl nicht allzuhäufig vorkommen, denn die Schulverbände werden zur Zurückhaltung in der Errichtung von neuen Konfessionsschulen ohnehin schon durch die Höhe der Kosten veranlaßt und werden vielfach erst dann dazu schreiten, wenn Dritte einspringen (KommBer. AH. S. 302 ff.).

§ 40.

Für die Errichtung, Unterhaltung und Verwaltung der für jüdische Kinder bestimmten und mit jüdischen Lehrkräften zu besetzenden öffentlichen Volksschulen gelten bis auf weiteres[1]) die jetzt bestehenden Vorschriften mit der Maßgabe, daß der § 67 Nr. 3 des Gesetzes vom 23. Juli 1847 über die Verhältnisse der Juden (Gesetz-Samml. S. 263) für den ganzen Umfang der Monarchie zur Anwendung gelangt.[2]) Die zur Unterhaltung solcher Schulen Verpflichteten gelten als Schulverbände im Sinne dieses Gesetzes.[3])

Werden die in den §§ 35 bis 39 erwähnten öffentlichen Volksschulen von jüdischen Kindern besucht, so finden bei Aufbringung der Kosten für die Erteilung von jüdischem Religionsunterricht und hinsichtlich der Anstellung von jüdischen Lehrkräften an diesen Schulen zum Zwecke der Erteilung von jüdischem Religionsunterricht sowie hinsichtlich der anderweiten Beschäftigung der hierfür angestellten jüdischen Lehrkräfte an diesen Schulen bis auf weiteres die jetzt bestehenden Bestimmungen Anwendung.[4]) Beträgt in einer öffentlichen Volksschule, die nur mit evangelischen oder nur mit katholischen oder nur mit evangelischen und katholischen Lehrkräften besetzt ist, die Zahl der einheimischen jüdischen Schulkinder dauernd mindestens zwölf und wird in einem solchen Falle der Religionsunterricht für diese durch von der Synagogengemeinde bestellte Lehrkräfte erteilt, so findet § 67 Nr. 3 des Gesetzes vom 23. Juli 1847 sinngemäß Anwendung.[5])

Für die Errichtung und Unterhaltung von öffentlichen Volksschulen, an welchen nach ihrer besonderen Verfassung, abgesehen von dem Falle des Abs. 2, christliche und jüdische Lehrer zugleich anzustellen sind, bewendet es bei dem bestehenden Rechte.[6])

Für die Provinz Hannover bewendet es bei dem Gesetze vom 7. März 1868 (Gesetz-Samml. S. 223) § 1 Nr. 3, betreffend die Unterstützung des jüdischen Schulwesens der Provinz durch den Provinzialverband.[7])

[1]) d. h. bis zu einer anderweiten gesetzlichen Regelung (KommBer. AH. S. 321 u. StenBer. AH. S. 5196).

[2]) Nach dem bisherigen Recht sind die Juden im allgemeinen berechtigt, besondere auf jüdische Kinder beschränkte Volksschulen zu errichten. Diese Schulen haben den Charakter öffentlicher Volksschulen. Hierbei bewendet es auch bis auf weiteres nach Inkrafttreten dieses Gesetzes.

Eine lediglich der Erteilung des israelitischen Religionsunterrichts dienende Schule ist dagegen keine öffentliche Volksschule (vgl. E. OVG. vom 29. Mai 1896 PrVBl. 18 S. 156 u. ZBl. 1896 S. 612).

Es gibt drei Arten öffentlicher jüdischer Volksschulen:

a) solche, die von besonderen jüdischen Schulsozietäten eingerichtet sind,
b) solche, die von Synagogengemeinden unterhalten werden,
c) solche, deren Unterhaltung die bürgerlichen Gemeinden freiwillig übernommen haben.

Im Jahre 1903 betrug deren Zahl bei a = 103, bei b = 110, bei c = 28.

Zu c ist zu bemerken, daß eine Verpflichtung der politischen Gemeinden öffentliche jüdische Volksschulen zu errichten und zu unterhalten, nicht besteht. Es steht ihnen frei, die vorhandenen zu erhalten oder ihre Auflösung zu beantragen (vgl. § 65 Abs. 2) Begr. S. 62, 67, Komm.-Ber. AH. S. 318, 322).

Im einzelnen ist der Rechtszustand folgender:

Das Gesetz vom 23. Juli 1847 (GS. S. 263) bestimmt für den ganzen Umfang der damaligen Monarchie, also für die Provinzen: Ost- und Westpreußen, Brandenburg, Pommern, Posen, Schlesien, Sachsen, Westfalen und die Rheinprovinz, unter Aufhebung aller von den Bestimmungen dieses Gesetzes abweichenden allgemeinen und besonderen gesetzlichen Vorschriften:

§ 60.

In bezug auf den öffentlichen Unterricht gehören die schulpflichtigen Kinder der Juden den ordentlichen Elementarschulen ihres Wohnorts an.

§ 62 (Abs. 1).

Zur Teilnahme an dem christlichen Religionsunterricht sind die jüdischen Kinder nicht verpflichtet; eine jede Synagogengemeinde ist aber verbunden, solche Einrichtungen zu treffen, daß es keinem jüdischen Kinde während des schulpflichtigen Alters an dem erforderlichen Religionsunterricht fehlt.

§ 63.

Zur Unterhaltung der Ortsschulen haben die Juden in gleicher Weise und in gleichem Verhältnisse wie die christlichen Gemeindeglieder den Gesetzen und bestehenden Verfassungen gemäß beizutragen.

§ 64 (zweiter Satz).

Ist in einem Orte oder Schulbezirke eine an Zahl und Vermögensmitteln hinreichende christliche und jüdische Bevölkerung vorhanden, um auch für die jüdischen Einwohner ohne deren Überbürdung eine besondere öffentliche Schule anlegen zu können, so kann, wenn sonst im allgemeinen Schulinteresse Gründe dazu vorhanden sind, die Absonderung der Juden zu einem eigenen Schulverbande auf den Antrag des Vorstandes der Synagogengemeinde angeordnet werden.

§ 67 (Nr. 2 Satz 1).

Die Errichtung und Unterhaltung dieser (jüdischen) Schule liegt in Ermangelung einer anderweitigen Vereinbarung den jüdischen Einwohnern des Schulbezirks allein ob.

§ 67 (Nr. 3).

Wo die Unterhaltung der Ortsschulen eine Last der bürgerlichen Gemeinden ist, haben die Juden im Falle der Errichtung einer eigenen öffentlichen Schule eine Beihilfe aus Kommunalmitteln zu fordern, usw.

§ 67 (Nr. 4).

Die Juden werden, wenn sie eine öffentliche jüdische Schule unterhalten, sowohl von der Entrichtung des Schulgeldes, als auch von allen unmittelbaren persönlichen Leistungen zur Unterhaltung der ordentlichen Ortsschulen frei.

§ 67 (Nr. 5).

Der Besuch der öffentlichen jüdischen Schulen bleibt auf die jüdischen Kinder beschränkt.

Für das vormalige Herzogtum Schleswig bestimmt die Verordnung vom 8. Februar 1854 (vgl. S. d. V. S. 124):

§ 27 (Abs. 1).

Die an einem Orte sich aufhaltenden Juden sind befugt, besondere Schulen für ihre Kinder einzurichten, insofern sie die Gehalte der Lehrer und die übrigen Bedürfnisse der Schule aufzubringen vermögen.

§ 29 (Abs. 1).

An Orten, wo keine besondere Schule für Juden besteht, sind deren Kinder zum Besuch der allgemeinen Ortsschulen und zur Teilnahme an dem gesamten Unterrichte, mit Ausnahme des Religionsunterrichts, falls nicht die Eltern selbst wünschen, daß die Kinder an demselben teilnehmen, verpflichtet. Für den Religionsunterricht ist in solchen Fällen anderweitig zu sorgen von seiten der Eltern oder Pflegeeltern, welche nachzuweisen haben, daß dies geschieht.

Für das vormalige Herzogtum Holstein bestimmt das Gesetz vom 14. Juli 1863 (Ges. u. Min. Bl. f. d. Herz. H. u. L.):

§ 18 (Abs. 1).

Die an einem Orte wohnhaften Juden sind befugt, besondere Schulen für ihre Kinder einzurichten, insofern sie die Gehalte der Lehrer und die übrigen Bedürfnisse der Schule aufzubringen vermögen. Wenn sie auf diese Weise eine eigene jüdische Schulkommune bilden, sind sie von Personalschullasten für das christliche Volksschulwesen befreit.

§ 19 (Abs. 3).

An solchen Orten, wo keine besondere Schule für Juden besteht, sind dieselben nach Maßgabe der allgemeinen gesetzlichen Bestimmungen gehalten, ihre Kinder während der schulpflichtigen Jahre die öffentlichen Ortsschulen besuchen zu lassen. An dem christlichen Religionsunterricht nehmen die jüdischen Kinder nur dann teil, wenn ihre Eltern oder Pflegeeltern solches wünschen; ist dies nicht der Fall, so haben letztere anderweitig für den Unterricht in der jüdischen Religion zu sorgen und nachzuweisen, daß dies in einer nach dem Erachten des jüdischen Geistlichen ihrer Gemeinde ausreichenden Weise geschieht.

Für das ehemalige Herzogtum Lauenburg bestehen keine besonderen Bestimmungen wegen Errichtung und Unterhaltung jüdischer Schulen.

§ 15 der Landschulordnung vom 10. Oktober 1868 verordnet nur hinsichtlich des Religionsunterrichts:

„Außerdem sind solche schulpflichtige Kinder, die nicht dem evangelisch-lutherischen Bekenntnis angehören, auf den Wunsch der Erziehungsberechtigten von der Teilnahme an dem Religionsunterricht in der Schule immer zu dispensieren."

In der Provinz Hannover ist das jüdische Schulwesen durch

a) das Gesetz vom 30. September 1842 (GS. f. d. Königr. Hann. S. 211),
b) die Bekanntmachung des Ministeriums vom 19. Januar 1844 (GS. f. d. Königr. Hann. S. 43),
c) die Schulordnung für die jüdischen Schulen vom 5. Februar 1854 (GS. f. d. Königr. Hann. S. 49)

geregelt. Es bestimmen insbesondere:

a) das Gesetz vom 30. September 1842:

§ 19 (Abs. 2).

Auch können sie (die Juden) ihre Kinder in besonderen jüdischen Schulen unterrichten lassen.

§ 38.

Die Zulassung neuer jüdischer Schulen und die Beibehaltung der vorhandenen setzt die Nachweisung bei der Landdrostei voraus, daß für gehörigen Unterricht in allgemeinen Kenntnissen .... gesorgt sei.

§ 39.

Eine solche Schule muß von den jüdischen Kindern .... besucht werden. Jedoch bleibt den jüdischen Eltern unbenommen, ihre Kinder in den christlichen Schulen unterrichten zu lassen, vorbehältlich der Entrichtung ihres Beitrages zu den Kosten der Unterhaltung der jüdischen Schule.

b) die Bekanntmachung vom 19. Januar 1844:

§ 2.

Die jetzt zugelassenen Schulen können wieder aufgehoben werden, wenn sich künftig zeigt, daß den Erfordernissen des Gesetzes in § 38 nicht genügt werden kann.

c) die Schulordnung vom 5. Februar 1854:

§ 10 (Abs. 1 und 2).

„In der Regel bildet jede Synagogengemeinde einen Schulverband.

In besonderen Fällen können jedoch die Bezirke mit Genehmigung der Landdrostei anderweitig festgestellt werden."

Die Unterstützung bedürftiger jüdischer Schul- und Synagogengemeinden der Provinz liegt dem Provinzialverbande ob, dem unter Auferlegung dieser und anderer Verpflichtungen durch Gesetz vom 7. März 1868 (GS. S. 223) eine bestimmte Summe aus den Staatshaushaltseinnahmen überwiesen ist.

Die Kurhessische Verordnung vom 30. Dezember 1823 (Kurheß. GS. S. 87) bestimmt im

§ 12 (erster und zweiter Satz):

„Die jüdischen Glaubensgenossen sind verbunden, ihre Kinder in die öffentlichen Schulen ihres Wohnortes zu schicken. Es steht jedoch den Juden eines Ortes oder mehrerer benachbarten Orte frei, eine eigene öffentliche und mit geprüften Lehrern gehörig zu besetzende Schule . . . . einzurichten."

Die Genehmigung zur Errichtung öffentlicher jüdischer Schulen ist nach dem Kurheß. Gesetz vom 29. Oktober

1833 (Kurhess. GS. S. 144) den Regierungen übertragen.

In der Praxis ist den Synagogengemeinden, welche genügende Mittel dazu bereitstellten, die Gründung von Schulen gestattet worden. Die Unterhaltung eigener Schulen hat die Juden aber nicht von der Verpflichtung befreit, zur Unterhaltung der kommunalen öffentlichen Volksschulen ihres Wohnortes so wie jeder andere Ortsbürger beizutragen.

Für den Kreis Biedenkopf und die anderen ehemals Großherzoglich Hessischen Gebietsteile bestimmt das Großherzoglich Hessische Edikt vom 17. Juli 1823 (Archiv der Großherz. Hessischen Gesetze und Verordnungen Bd. IV S. 116):

1. Soll jeder Bekenner der mosaischen Religion verbunden sein, seine Kinder fernerhin zum Besuche der öffentlich angeordneten Schulen anzuhalten.
2. . . . . soll es allen mosaischen Religionsgemeinden frei stehen, eigene Schulen zu errichten, ...
7. An denjenigen Orten, wo die Bekenner der mosaischen Religion eigene Schulen nicht, oder doch nur solche haben, in welchen außer der Religionslehre kein sonstiger Unterricht erteilt wird, sollen ihre Kinder die Ortsschulen besuchen . . . .

Das Edikt vom 6. Juni 1832 (Archiv der Großherz. Hessischen Gesetze und Verordnungen Bd. VI S. 413) verordnet:

Art. 55.

Die Bekenner der mosaischen Religion sind, insofern sie nicht eigene Elementarschulen haben, verpflichtet, ihre Kinder zum Besuche der öffentlich angeordneten christlichen Schulen anzuhalten und an dem in denselben erteilt werdenden Unterrichte, mit Ausnahme des Religionsunterrichts, während welchem die Kinder aus der Schule sich entfernen können, teilnehmen zu lassen.

Errichten die israelitischen Einwohner nach den Bestimmungen des Edikts vom 17. Juli 1823 eigene Schulen, so finden auf diese alle, für die öffentlichen Schulen bestehenden Anordnungen volle Anwendung . . . .

Für den Obertaunuskreis, frühere Landgrafschaft Hessen-Homburg, bestimmt das Edikt vom 9. Oktober 1838 über die Einrichtung des Volksschulwesens im Oberamt Meisenheim (Archiv der Landgräflich Hessischen Gesetze und Verordnungen S. 269):

Art. 46.

Die Bekenner der mosaischen Religion sind, sofern sie nicht eigene Elementarschulen haben, verpflichtet, ihre Kinder die öffentliche christliche Schule ihres Ortes besuchen und an allen Unterrichtsgegenständen, mit Ausnahme des Religionsunterrichts, teilnehmen zu lassen.

Wollen die israelitischen Bewohner eines Ortes eine eigene Schule gründen, so müssen sie hierzu die Erlaubnis von der Landesregierung erwirken, und es finden alsdann alle für die öffentlichen Volksschulen gegebenen Bestimmungen auch auf jene Schulen volle Anwendung . . . .

Das Edikt vom 19. August 1842 (Archiv der Landgräflich Hessischen Gesetze und Verordnungen S. 376) bestimmt für das Amt Homburg:

§ 1.

Das unterm 9. Oktober 1838 erlassene und am 4. November desselben Jahres in Nr. 44 des damaligen Amtsblatts verkündigte Edikt über die Einrichtung des Volksschulwesens im Oberamt Meisenheim . . . . soll auch für das Amt Homburg Gültigkeit und Wirksamkeit haben . . . .

Für den Landkreis Frankfurt, soweit derselbe früher zu dem Kurfürstentum Hessen gehört hat, gelten die Kurhessischen Verordnungen.

Für den Stadtkreis Frankfurt und den Landkreis Frankfurt, soweit er zu dem Gebiete der ehemals freien Stadt Frankfurt gehört hat, bestehen keine besonderen gesetzlichen Bestimmungen über das jüdische Schulwesen.

Auch für das ehemalige Herzogtum Nassau bestehen keine besonderen Vorschriften.

Für das ehemalige Fürstentum Hohenzollern-Sigmaringen verordnet das Gesetz vom 9. August 1837 (Sigm. GS. Bd. IV S. 572):

§ 28.

Die Vorschriften und Anordnungen der allgemeinen Schulordnung, sowie alle im Schulwesen bestehenden oder künftig ergehenden Gesetze und Verordnungen, finden auch auf die in den Judengemeinden bestehenden Schulen volle Anwendung.

§ 34.

In denjenigen Orten, in welchen keine israelitische Elementarschule besteht, sind die israelitischen Kinder zum Besuche der allgemeinen Ortsschule, gleich den Kindern der übrigen Einwohner, und zur Teilnahme am gesamten Unterricht, mit Ausnahme der Religionslehre, anzuhalten . . . . . .

Die Israeliten sind in diesem Falle in Hinsicht auf die Leistungen für die Bedürfnisse der Schule,

Schullehrerbesoldungen, Schulhauskosten usw. den übrigen Ortseinwohnern gleich zu behandeln.

§ 36.

Den Israeliten, deren Kinder keine israelitische Elementarschule besuchen können, bleibt überlassen, denselben den erforderlichen Religions- und Moralunterricht durch Privatlehrer erteilen zu lassen.

Für die öffentliche jüdische Schule in Hechingen, die einzige im ehemaligen Fürstentum Hohenzollern-Hechingen, ist eine besondere Schulordnung vom 23. April 1836 ergangen. Die Unterhaltung der Schule liegt der israelitischen Gemeinde ob.

[3]) Diejenigen Mittel, die im Staatshaushaltsetat für die Unterstützung öffentlicher Volksschulen überhaupt vorhanden sind, sind auch für die Unterstützung öffentlicher jüdischer Volksschulen bestimmt, so daß der Fonds unter Kapitel 121 Titel 34 auch für diese Schulen verwendet werden kann, um ihnen in ausreichendem Maße zu Hilfe zu kommen (StenBer. AH. S. 5188).

[4]) Auch die jüdischen Kinder sollen, soweit es möglich ist, Unterricht in ihrer Religion erlangen.

Nach der bisherigen Verwaltungspraxis (vgl. Erlaß vom 13. November 1860 ZBl. S. 705) und der Rechtsprechung der Gerichte gibt es für den jüdischen Religionsunterricht keinen Schulzwang, weil der Staat, der den Synagogengemeinden gegenüber nicht die Stellung hat, die er den großen evangelischen und katholischen Volkskirchen gegenüber einnimmt, den Gemeinden nicht vorschreiben kann, wie dieser Unterricht beschaffen sein muß (KommBer. AH. S. 313), auch kein anerkanntes Organ der jüdischen Religionsgemeinschaft vorhanden ist zur Kontrolle dieses Unterrichtes (KommBer. AH. S. 319). Siehe auch StenBer. AH. S. 5192. Nach § 62 des Gesetzes vom 23. Juli 1847 (GS. S. 263) ist der jüdische Religionsunterricht Sache der Synagogengemeinden. Es bleibt aber den Schulverbänden unbenommen, freiwillig jüdischen Religionsunterricht einzurichten und zu diesem Zweck einen jüdischen Lehrer anzustellen. Die jüdischen Religionslehrer sind keine Elementarlehrer, weil sie keine öffentlichen Volksschullehrer sind (vgl. Erkenntnis vom 29. Mai. 1896 in Anm. 2).

Wegen der Zulässigkeit der Beschäftigung jüdischer Religionslehrer an christlichen Schulen zugleich mit anderweitem Unterricht siehe die Darlegungen im ZBl. 1860 S. 259 und Erlaß vom 19. Juli 1867 ZBl. S. 482.

[5]) Danach sind die politischen Gemeinden (Gutsbezirke) verpflichtet, den Synagogengemeinden eine Beihilfe zur Besoldung der von ihnen bestellten Religionslehrer zu leisten.

Bisher bereits konnten zu dem von einer Gemeinde eingerichteten jüdischen Religionsunterricht Staatsbeihilfen gewährt werden (vgl. Erlasse vom 4. Dezember 1873 ZBl. 1874 S. 230 und vom 13. Mai 1899 ZBl. S. 552), deren Zurückziehung künftig nicht erfolgen soll (KommBer. AH. S. 322). Auch weiterhin können neue Beihilfen zu diesem Zweck aus Kap. 121 Tit. 44 gegeben werden (vgl. Anm. 3). Eine Verpflichtung des Staates, hier subsidiär einzutreten, ist jedoch nicht anzuerkennen (KommBer. AH. S. 315).

Bemerkt sei schließlich, daß die Staatsregierung durch eine von der Kommission vorgeschlagene (KommBer. AH. S. 311, 324, 614, 615) Resolution des Abgeordnetenhauses (StenBer. S. 5200) dazu aufgefordert worden ist, Mittel in den Staatshaushaltsetat einzustellen, um da, wo für den jüdischen Religionsunterricht nicht durch jüdische öffentliche Schulen oder seitens der bürgerlichen Gemeinden durch Anstellung jüdischer Lehrkräfte an den öffentlichen Volksschulen oder in anderer Weise gesorgt ist, den Synagogengemeinden die Beschaffung des jüdischen Religionsunterrichts zu erleichtern.

[6]) Das geltende Recht ist, daß es Staatshoheitsrecht ist, zu bestimmen, welcher Konfession die Lehrer sein sollen (KommBer. AH. S. 321).

Es gibt in Preußen nur eine geringe Zahl derartiger Schulen, die meist aus Verschmelzung jüdischer und christlicher Schulsozietäten entstanden sind. Es waren davon 1903 im Regierungsbezirk Marienwerder 9, Posen 5, Bromberg 6, Oppeln 5, Arnsberg 1 vorhanden. (Begr. S. 67/68.) Von der Stadt Berlin wird der Standpunkt vertreten, daß ein Teil der dort vorhandenen Schulen, an denen neben christlichen auch jüdische Lehrkräfte tätig sind, christlich-jüdische Simultanschulen seien, während die Unterrichtsverwaltung seit langen Jahren entschieden hat, daß es sich hier um Konfessionsschulen handelt. Es ist ferner entschieden, daß in Berlin jüdische Lehrer nur anzustellen sind, soweit das Bedürfnis nach Erteilung jüdischen Religionsunterrichtes vorliegt. Hierbei soll es sein Bewenden haben, so daß vorhandene jüdische Lehrkräfte nur unter dieser Voraussetzung angestellt bleiben können (KommBer. HH. S. 79).

[7]) Durch das Gesetz ist dem provinzialständischen Verbande der Provinz Hannover neben anderen Zwecken zur Unterhaltung bzw. Unterstützung des jüdischen Schulwesens der Provinz zu eigener Verwaltung die Summe von jährlich 500000 Talern eigentümlich überwiesen worden.

§ 41.

Die Vorschriften der §§ 33 bis 40 beziehen sich nicht auf die lediglich für den technischen Unterricht (Zeichnen, Turnen, Handarbeit, Handfertigkeit, Hauswirtschaft) angestellten oder anzustellenden Lehrkräfte.[1])

[1]) Die Konfession der technischen Lehrkräfte ist ohne Einfluß auf deren Anstellungsfähigkeit.

§ 42.

In dem Gebiete des ehemaligen Herzogtums Nassau bewendet es bei den bisherigen Vorschriften.[1])

[1]) Durch § 2 des Ediktes vom 24. März 1817 betreffend die Einrichtung der öffentlichen Unterrichtsanstalten im Herzogtum Nassau ist die Simultanschule eingeführt worden (KommBer. AH. S. 325).

Fünfter Abschnitt.

Verwaltung der Volksschulangelegenheiten*) und Lehreranstellung.

1. Stadtgemeinden.

§ 43.

Den Gemeindeorganen[1]) bleibt nach den Bestimmungen der Gemeindeverfassungsgesetze und dieses Gesetzes die Feststellung des Schulhaushalts, die Bewilligung der für die Schule erforderlichen Mittel, die Verwaltung des Schulvermögens, die vermögensrechtliche Vertretung nach außen und die Anstellung der Beamten vorbehalten.[2])

Im übrigen wird für die Verwaltung der der Gemeinde zustehenden Angelegenheiten der Volksschule[3]) eine Stadtschuldeputation gebildet, welche Organ des Gemeindevorstandes und als solches verpflichtet ist, seinen Anordnungen Folge zu leisten.[4])

Die Schuldeputation übt zugleich die nach dem Gesetze vom 11. März 1872 (Gesetz-Samml. S. 183) den Gemeinden und deren Organen vorbehaltene Teilnahme an der Schulaufsicht aus. Sie handelt dabei als Organ der Schulaufsichtsbehörde und ist verpflichtet, insoweit ihren Anordnungen Folge zu leisten.[4])

*) Vorbemerkung zu §§ 43—57. Die bisherigen Bestimmungen über die Organe, welche die wirtschaftlichen Angelegenheiten der Schule und der Schulgemeinde zu verwalten haben und durch welche die Gemeinden an der äußeren und inneren Ordnung des Schulwesens beteiligt sind, sowie über deren vielfach sehr verschiedenartige Zusammensetzung und Benennung wie auch über deren Zuständigkeit sind in den für die einzelnen Landesteile der Monarchie untereinander abweichend gestalteten Gesetzesvorschriften (vgl. deren Zusammenstellung in der Begründung S. 68—83) enthalten. Sind danach auch die staatlichen Rechte und die Befugnisse der Gemeinden im allgemeinen geregelt, so sind doch die Ansichten über deren Abgrenzung von einander sehr geteilt. Es hat sich dies denn auch bei den Erörterungen über den Entwurf dieses Gesetzes wiederum gezeigt. Während in der Presse und in der Öffentlichkeit sowie auch von einer Anzahl von Mitgliedern des Parlaments vielfach behauptet worden ist, daß durch dies Gesetz der Staat willkürlich in das Selbstverwaltungsrecht der Gemeinden eingegriffen habe,

ist dieser Vorwurf seitens der Staatsregierung wiederholt mit der Begründung zurückgewiesen worden, daß durch das Gesetz in dieser Beziehung eine Neuregelung der Zuständigkeit und Befugnisse der Gemeinden weder bezweckt noch erfolgt sei und an dem geltenden Recht nichts geändert werde.

Dieser letzten Ansicht kann nur beigetreten werden. Nach der geschichtlichen Entwicklung unseres Volksschulwesens prävaliert, wie ein Vertreter der Unterrichtsverwaltung in der Kommission des Abgeordnetenhauses hervorgehoben hat (KommBer. AH. S. 333), jedenfalls in der Volksschule der Staat. Die Volksschule ist, wie das Allgemeine Landrecht besagt, eine Veranstaltung des Staates. Das 19. Jahrhundert hat nun gegenüber diesem Prävalieren des Staates in der Volksschule eine gewisse Mitwirkung der Gemeinde zu schaffen gesucht und ist bestrebt gewesen, eine Abgrenzung zwischen den Befugnissen von Staat und Gemeinde zu finden. Aber eine gesetzliche Regelung ist bisher in dieser Beziehung noch nicht erfolgt. Die Städteordnung vom 19. November 1808 geht zwar von der Voraussetzung aus, daß die Gemeinden auch auf dem Gebiete der inneren Schulverwaltung Aufgaben hätten, daß man eine Schuldeputation für die äußeren Angelegenheiten einrichten und für die inneren eine entsprechende Einrichtung treffen solle. Sie regelt diese Verhältnisse aber keineswegs. In Ausführung des § 179 der fraglichen Städteordnung ist dann die Instruktion für die Schuldeputationen vom 26. Juni 1811 ergangen, die in gewissem Umfange die Verhältnisse zwischen Gemeinde und Staat ordnete, der Gemeinde gewisse Rechte bezüglich der Schulverwaltung einräumte und die Rechte des Staates festlegte. Die solchermaßen den Städten gegebenen Rechte sind auch nach dem Schulaufsichtsgesetz vom 11. März 1872 erhalten und durch dieses Gesetz nicht berührt worden. Im übrigen ist aber eine gesetzliche Regelung über die Beteiligung der

Gemeinden bei den inneren Angelegenheiten des Volksschulwesens nicht erfolgt. Wohl aber ist die Unterrichtsverwaltung in dieser Beziehung weiter gegangen, indem sie verschiedentlich die Befugnisse der Gemeinden auf dem Gebiete der Verwaltung des örtlichen Schulwesens erweiterte und, soweit es die Rücksichtnahme auf die Durchführung einheitlicher Grundsätze irgend zugelassen hat, fortgesetzt behördliche Aufsichtsbefugnisse auf die städtischen Schuldeputationen delegierte, so insbesondere durch den Erlaß vom 9. Februar 1898 (ZBl. S. 271) bezüglich der Einrichtung neuer Klassen und Schulen, Beurlaubung von Lehrpersonen, Versetzung der Lehrer im Stadtgebiet, vorzeitiger Entlassung der Schulkinder usw. Hierbei soll es auch in Zukunft sein Bewenden behalten; es soll also in die gegenwärtigen Befugnisse der Gemeinden auf dem Gebiete des inneren Schulwesens nicht eingegriffen werden.

Dagegen hat es die Staatsregierung ganz entschieden abgelehnt und für nicht angängig erklärt, eine Regelung der Befugnisse der Städte und als Folge davon auch der Kirche gegenüber dem Staate in diesem Gesetze zu versuchen, weil man damit die gesamte innere Schulfrage aufrolle, deren Regelung wohl in einem Volksschulgesetz zu erfolgen habe, nicht aber in ein Volksschulunterhaltungsgesetz gehöre.

Sie hat aber weiter auch stets an dem Standpunkt festgehalten, daß bei der Verwaltung der inneren Angelegenheiten der Volksschule der Magistrat nicht als Selbstverwaltungsbehörde mitwirke, denn nach Art. 24 der Verfassung stehe den Gemeinden nur die Verwaltung der äußeren Angelegenheiten zu, daß er bzw. die zu diesem Zweck eingesetzte Schuldeputation in dieser Beziehung vielmehr als Ortsobrigkeit, als eine delegierte staatliche Behörde in Frage komme, also die Befugnisse in den inneren Angelegenheiten der Volksschule nicht aus eigenem Recht ausübe, daß demzufolge die Schuldeputation, soweit sie die äußeren Angelegenheiten als städtische

Angelegenheit zu verwalten habe, dem Magistrat, soweit es sich aber um Angelegenheiten der Aufsicht handele, der staatlichen Schulaufsicht unterstehe und insoweit jedenfalls den Weisungen der Schulaufsichtsbehörde zu folgen habe.

Was aber im einzelnen als obrigkeitliche oder kommunale Angelegenheit anzusehen ist, darüber besteht volle Klarheit nicht (vgl. KommBer. AH. S. 331, 347).

Der vorstehend skizzierte Standpunkt der Staatsregierung kommt auch im Gesetz zum Ausdruck. Das Gesetz führt nicht im einzelnen auf, zur Verwaltung welcher Angelegenheiten die Gemeinden pp. zuständig sind, sondern überweist den Gemeinden und Gutsbezirken bzw. Gesamtschulverbänden die Verwaltung der ihnen zustehenden Angelegenheiten, und zwar teilweise den verfassungsmäßigen Gemeindeorganen (§ 43 Abs. 1, § 46 Abs. 1) bzw. dem Gutsvorsteher resp. der Gutsvertretung (§ 8 Abs. 2), teilweise der Schuldeputation (§ 43 Abs. 2, § 47 Abs. 10) bzw. dem Schulvorstande (§ 47 Abs. 1 und 2, 11 und 12), bei dem Gesamtschulverbande dem Schulvorstand (§ 49).

[1]) D. h. je nach den einzelnen Gemeindeverfassungsgesetzen entweder Magistrat und Stadtverordnetenversammlung oder Bürgermeister und Stadtverordnetenversammlung.

[2]) Die Rechte der Gemeindekollegien sind auf bestimmte Zweige der äußeren Verwaltung beschränkt; im wesentlichen sind hier diejenigen Obliegenheiten aufgeführt, die zum Zwecke der Unterhaltung der Schule unerläßlich sind.

[3]) D. h. die nicht in Abs. 1 aufgeführten äußeren, sowie die inneren Angelegenheiten. Eine genaue Scheidung zwischen den äußeren und inneren Angelegenheiten ist nicht möglich. Die Grenzen zwischen beiden sind flüssig.

[4]) Die Schuldeputation hat also eine Doppelstellung; sie ist teilweise Organ des Gemeindevorstandes und hat als solches dessen Anordnungen Folge zu leisten, teilweise

Organ der Schulaufsichtsbehörde und untersteht als solches der staatlichen Schulaufsicht. Etwaige Vorstellungen und Beschwerden gegen ihre Beschlüsse und Anordnungen sind also im ersten Fall an den Magistrat (Bürgermeister), im letzteren an die Schulaufsichtsbehörde zu richten. Für das Verwaltungsstreitverfahren ist hier kein Raum (KommBer. AH. S. 375).

§ 44.

I. Die Schuldeputation besteht aus:

1. einem bis drei Mitgliedern des Gemeindevorstandes (Beigeordneten, Schöffen usw.).[1]) An Stelle eines Gemeindevorstandsmitglieds kann ein Stadtschulrat gewählt werden, auch wenn er nicht Mitglied des Gemeindevorstandes ist,[2])
2. der gleichen Zahl von Mitgliedern der Stadtverordnetenversammlung (Bürgervorsteher usw.)[3]) sowie
3. mindestens der gleichen Zahl von des Erziehungs- und Volksschulwesens kundigen Männern, unter diesen mindestens einem Rektor (Hauptlehrer) oder Lehrer an einer Volksschule.[4])

Hierzu treten:

4. der dem Dienstrange nach vorgehende oder sonst der dem Dienstalter nach älteste Orts-

pfarrer der evangelischen Landeskirche und der katholischen Kirche.[5])

Statt des vorgenannten Pfarrers kann, falls hierüber ein Einverständnis zwischen der Schulaufsichtsbehörde und der kirchlichen Oberbehörde stattfindet, ein anderer Geistlicher in die Schuldeputation eintreten.[6])

Auf gleichem Wege ist für die Fälle der Verhinderung des geistlichen Mitglieds als dessen Vertreter ein anderer Geistlicher zu bestimmen.[7])

5. Sofern sich in der Stadt mindestens 20 jüdische Volksschulkinder befinden, tritt außerdem der dem Dienstrange nach vorgehende oder sonst der dem Dienstalter nach älteste Ortsrabbiner[8]) ein.

Die zuständigen Kreisschulinspektoren nehmen an den Sitzungen der Schuldeputationen als Kommissare der Schulaufsichtsbehörde teil und sind auf Verlangen jederzeit zu hören.[9])

Dem Gemeindevorstande bleibt es überlassen, den Stadtarzt und andere Gemeindebeamte zu den Sitzungen der Schuldeputation mit beratender Stimme abzuordnen.[10])

Den Stadtgemeinden bleibt es überlassen, durch Gemeindebeschluß mit Genehmigung der Schulaufsichtsbehörde die Zahl der in Nr. 1 bis 4 bezeichneten Mitglieder abweichend festzusetzen. Wenn die Zahl der zu Nr. 3 bezeichneten Mitglieder auf vier oder mehr festgesetzt wird, so müssen darunter wenigstens zwei Rektoren oder Lehrer sein.[11]) In diesem Falle können an Stelle der Lehrer auch Lehrerinnen gewählt werden. Wählbar sind die Lehrerinnen, die an einer der Schuldeputation unterstellten Schule angestellt sind.[12])

II. Die Mitglieder aus dem Gemeindevorstande (Beigeordneten, Schöffen usw.) und aus ihrer Zahl der Vorsitzende werden vom Bürgermeister ernannt. Der Bürgermeister ist befugt, außerdem jederzeit selbst in die Schuldeputation einzutreten und den Vorsitz mit vollem Stimmrechte zu übernehmen.

Die Mitglieder aus der Stadtverordnetenversammlung werden von dieser gewählt; die des Erziehungs- und Volksschulwesens kundigen Personen werden von den der Schuldeputation angehörigen Mitgliedern des Gemeindevorstandes (Beigeordneten, Schöffen usw.) und der Stadtverordnetenversammlung (Bürgervorsteher usw.) gewählt.

Die in I Nr. 2, 3 und 5 bezeichneten Mitglieder der Schuldeputation bedürfen der Bestätigung der Schulaufsichtsbehörde.[13])

Wird eine Person, welcher die Bestätigung versagt ist, wiedergewählt, so ist, falls die Stelle nicht unbesetzt bleiben kann und eine Ersatzwahl binnen einer zu bestimmenden Frist nicht erfolgt, die Schulaufsichtsbehörde befugt, einen Ersatzmann zu ernennen.

Die Wahlen erfolgen auf die Dauer von sechs Jahren. In betreff der Verpflichtung zur Übernahme der Stellen gelten die für unbesoldete Gemeindeämter bestehenden gesetzlichen Vorschriften.[14]) Die Gewählten sind berechtigt, ihr Amt nach drei Jahren niederzulegen. Die Beschlüsse der Schuldeputation werden nach Stimmenmehrheit gefaßt; bei Stimmengleichheit gibt die Stimme des Vorsitzenden den Ausschlag. Die Beschlußfassung kann gültig nur erfolgen, wenn mehr als die Hälfte der Mitglieder zugegen ist; wird die Schuldeputation zum zweitenmal zur Beratung über denselben Gegenstand zusammenberufen, so sind die erschienenen Mitglieder ohne Rücksicht auf ihre Anzahl beschlußfähig. Bei der zweiten Zusammenberufung muß auf diese Bestimmung ausdrücklich hingewiesen werden. An Verhandlungen und Beschlüssen über Gegenstände, an welchen einzelne Mitglieder persönlich interessiert sind, dürfen diese nicht teilnehmen.

Die weiteren Bestimmungen über die Vornahme der Wahlen der in I Nr. 3 und I Abs. 4 bezeichneten Mitglieder und über die Geschäftsführung der Schuldeputation werden von dem Gemeindevorstande getroffen und unterliegen der Bestätigung der Schulaufsichtsbehörde.

III. Ein Mitglied der Schuldeputation, das die Pflichten verletzt, die ihm als solchem obliegen, oder das sich durch sein Verhalten inner- oder außerhalb seiner Tätigkeit als Mitglied der Schuldeputation der Achtung, des Ansehens oder des Vertrauens, welche die Zugehörigkeit zu einer Schuldeputation erfordert, unwürdig macht oder gemacht hat, kann, wenn es zu den in I Nr. 2 bis 5 bezeichneten Personen gehört, von der Zugehörigkeit zur Schuldeputation durch Verfügung der Schulaufsichtsbehörde ausgeschlossen werden. Gegen diese Verfügung steht dem Mitgliede binnen zwei Wochen die Klage im Verwaltungsstreitverfahren beim Bezirksausschusse zu.

IV. Wo bisher zur Erledigung einzelner Geschäfte (Einschulung usw.) und für die besonderen Geschäfte einzelner oder mehrerer Volksschulen besondere Kommissionen unter Leitung der Schuldeputation eingesetzt sind, kann es nach Beschluß der städtischen Behörden dabei sein Bewenden behalten. Auch können solche Kommissionen durch Gemeindebeschluß neu gebildet werden.[15])

Auf den Ausschluß der Kommissionsmitglieder und der gemäß § 5 Abs. 6 bestellten Mitglieder finden die Bestimmungen unter III entsprechende Anwendung.

[1]) Sie werden vom Bürgermeister ernannt, bedürfen nicht der Bestätigung der Schulaufsichtsbehörde und können nur im ordentlichen Disziplinarverfahren gemäß § 20 des Zuständigkeitsgesetzes vom 1. August 1883 aus dem Amte entfernt werden.

Unter „Gemeindevorstand" ist sowohl der kollegialische Gemeindevorstand wie der Bürgermeister zu verstehen; der Deutlichkeit halber ist „(Beigeordneten, Schöffen usw.)" hinzugefügt worden. Diese Bestimmung bezieht sich auf die Städte der Rheinischen Städteordnung und greift auch für Gemeinden in Westfalen Platz (KommBer. HH. S. 94).

[2]) Satz 2 ist eingefügt, um auch dort, wo der Stadtschulrat nicht Mitglied des Gemeindevorstandes ist, wie z. B. in Frankfurt a. M., dessen Aufnahme zu ermöglichen (KommBer. HH. S. 95).

[3]) Sie werden von der Stadtverordnetenversammlung gewählt (II Abs. 2), bedürfen der Bestätigung der Schulaufsichtsbehörde (II Abs. 3) und können von der Zugehörigkeit zur Schuldeputation durch Verfügung der Schulaufsichtsbehörde ausgeschlossen werden (III).

[4]) Sie werden von den der Schuldeputation angehörigen Mitgliedern des Gemeindevorstandes und der Stadtverordnetenversammlung gewählt (II Abs. 2); im übrigen vgl. das in Anm. 3 Gesagte. Unter „des Erziehungs- und Volksschulwesens kundigen Männern" sind nicht nur fachkundige, pädagogisch vorgebildete Männer, sondern lediglich solche zu verstehen, die Beziehungen zur Volksschule und eine gewisse Sachkunde haben. Eine besondere Vorbildung ist also nicht erforderlich, um die Eigenschaften eines des Erziehungs- und Volksschulwesens kundigen Mannes zu erwerben. Die Schranke ist um deswillen nicht eng gezogen worden, um auch nach Möglichkeit durch diese Mitglieder weitere Anregung für eine fruchtbare Entwicklung des Schulwesens nach Maßgabe

der örtlichen Verhältnisse zu geben. Es wird sich deshalb gegebenenfalls empfehlen, auch Ärzte und Bausachverständige zu wählen. Dieserhalb eine besondere Bestimmung in das Gesetz aufzunehmen, schien nicht erforderlich, weil die Schuldeputation auf Grund der Instruktion vom 26. Juni 1811 jederzeit befugt ist, Sachverständige zu ihren Beratungen zuzuziehen. Hinsichtlich des Stadtarztes und anderer Gemeindebeamten ist diese Befugnis des Gemeindevorstandes in Ziffer I Abs. 3 noch besonders erwähnt worden (vgl. Begr. S. 84, KommBer. AH. S. 357 bis 358, 572, KommBer. HH. S. 88, 90/91, 93).

[5]) Die evangelische Landeskirche und die katholische Kirche müssen schon des Religionsunterrichts halber, der einen verbindlichen und wesentlichen Teil des Volksschulunterrichtes bildet, in der Schuldeputation vertreten sein. Es entspricht dies auch der bisherigen Praxis (Begr. S. 84). Zunächst soll der im Rang höchste und dann der dienstälteste Pfarrer Mitglied der Schuldeputation sein. Er bedarf nicht der Bestätigung, kann aber von der Zugehörigkeit zur Schuldeputation durch Verfügung der Schulaufsichtsbehörde ausgeschlossen werden (III). Vor der Ausschließung bedarf es gesetzlich der Anhörung der kirchlichen Oberbehörde nicht; tatsächlich wird sich aber in der Regel die Schulaufsichtsbehörde zunächst mit dieser ins Benehmen setzen und erst nach dieser Verständigung eingreifen, falls sich, wie dies wohl in den meisten Fällen geschehen wird, die Angelegenheit nicht schon vorher regelt, z. B. durch Niederlegung des Amtes (KommBer. AH. S. 367, 372 u. StenBer. AH. S. 5860).

[6]) Es kann sein, daß ein anderer als der im ersten Absatz der Ziffer 4 bezeichnete Geistliche wegen persönlicher Verhältnisse oder aus sachlichen Gründen mehr geeignet ist und die kirchliche Oberbehörde und die Schulaufsichtsbehörde im gegenseitigen Einvernehmen deshalb dessen Eintritt für zweckmäßig halten (Begr. S. 85).

[7]) Für eine Vertretung des Geistlichen muß also im Einverständnis der unter I 4 Abs. 2 genannten Behörden gesorgt werden.

[8]) Ortsrabbiner bedeutet der zuständige Rabbiner; er braucht nicht notwendig am Orte zu wohnen (Komm.-Ber. AH. S. 363/364).

Der Rabbiner bedarf der Bestätigung der Schulaufsichtsbehörde (II Abs. 3). Es ist dies gerechtfertigt, weil es für die Qualifikation der Rabbiner keine staatlichen gesetzlichen Bestimmungen gibt, wie sie für die evangelischen und katholischen Pfarrer auf Grund des Vorbildungsgesetzes vom 11. Mai 1873 vorgeschrieben sind, insbesondere auch Männer ohne akademische Vorbildung zu Rabbinern gewählt werden können (KommBer. AH. S. 368).

[9]) In dem Entwurf war für die Kreisschulinspektoren die volle Mitgliedschaft vorgesehen. Infolge Beschlusses der Kommission des Abgeordnetenhauses ist ihnen, als Kommissaren der Schulaufsichtsbehörde, nicht das Stimmrecht, wohl aber die Befugnis, den Sitzungen beizuwohnen und jederzeit das Wort zu ergreifen, zugestanden worden (KommBer. AH. S. 360/361).

[10]) Vgl. Anm. 4.

[11]) Die gesetzliche Sicherung und Feststellung einer verstärkten Vermehrung des Lehrerelementes ist infolge eines Beschlusses der Kommission des Abgeordnetenhauses erfolgt.

[12]) Eine allgemeine Zulassung der Frauen als Mitglieder der Schuldeputation ist nicht erfolgt, weil das Bedenken bestand, daß dadurch die Frage aufgerollt werde, inwieweit den Frauen ein Wahlrecht zustehen solle, dies Gesetz sich aber mit dieser Frage nicht zu befassen habe. Die beschränkte Zulassung der Lehrerinnen als stimmberechtigter Mitglieder der Schuldeputation erschien jedoch

im Interesse der Erziehung der weiblichen Jugend erwünscht.

Den Schuldeputationen steht es im übrigen frei, wie dies auch schon in Ziffer 15 der Instruktion vom 26. Juni 1811 vorgesehen, Frauen der verschiedenen Stände, insonderheit Mütter, mit beratender Stimme zuzuziehen.

[13]) Die Bestätigung der Mitglieder der Schuldeputation durch die Schulaufsichtsbehörde ist von der Staatsregierung als ein ihr zustehendes, wenn auch von anderer Seite bestrittenes Recht in Anspruch genommen. Der Standpunkt der Staatsregierung erscheint gerechtfertigt; er entspricht tatsächlich dem geltenden Recht und der bisherigen Praxis. Nur in wenigen Orten, z. B. Frankfurt a. M. und Wiesbaden, bedurften die Mitglieder der Schuldeputation bisher nicht der Bestätigung. In Berlin übt der Magistrat tatsächlich auch die Bestätigung aus, aber nicht als Selbstverwaltungsbehörde, sondern in Ausübung der ihm delegierten Schulaufsichtsrechte, wenn auch die städtischen Behörden von Berlin zeitweise, insbesondere neuerdings, den entgegengesetzten Standpunkt vertreten haben (KommBer. AH. S. 338, 369, 370).

Die im Entwurf vorgesehene Widerruflichkeit der Bestätigung ist durch die Kommission des Abgeordnetenhauses gestrichen worden.

[14]) § 74 der Städteordnung für die östlichen Provinzen vom 30. Mai 1853, § 79 der Städteordnung für die Rheinprovinz vom 15. Mai 1856, § 74 der Städteordnung für Westfalen vom 19. März 1856.

[15]) Diese Kommissionen sind wohl zu unterscheiden von den in § 45 aufgeführten Schulkommissionen. Die im § 44 genannten Kommissionen sind besondere, unter der Schuldeputation stehende, zur Erledigung einzelner Geschäfte, z. B. der Einschulung, eingesetzte lokale Kommissionen; deren Mitglieder unterliegen nicht der Bestätigung durch die Schulaufsichtsbehörde.

§ 45.

Durch einen Gemeindebeschluß, welcher der Genehmigung der Schulaufsichtsbehörde bedarf, können als Organe der Schuldeputation für eine oder mehrere Volksschulen Schulkommissionen eingesetzt werden, welche die besonderen Interessen dieser Schulen wahrzunehmen, in Ausübung der Schulpflege die Verbindung zwischen Schule und Eltern zu fördern haben und berechtigt sind, Anträge an die Schuldeputation zu stellen, auch verpflichtet sind, deren Aufträge auszuführen.[1])

Die Schulkommissionen bestehen aus dem Bürgermeister oder einem vom Bürgermeister ernannten Magistratsmitgliede (Beigeordneten, Schöffen usw.) oder Kommissionsmitglied als Vorsitzenden, dem etwa vorhandenen Ortsschulinspektor, dem nach dem Dienstrange vorgehenden oder sonst dem dienstältesten Ortspfarrer der evangelischen Landeskirche oder der katholischen Kirche, oder, sofern für jede Schule eine Kommission eingesetzt ist, dem nach dem Dienstrange vorgehenden oder sonst dem dienstältesten der Pfarrer, zu deren Pfarreien die Schulkinder gehören, ferner einem von der Schuldeputation zu ernennenden Rektor (Hauptlehrer) oder Lehrer (Lehrerin) der betreffenden Volksschule (Volksschulen), endlich mehreren Mitgliedern, die von der Schuldeputation aus der Zahl der zu den Schulen des betreffenden Schulbezirkes gewiesenen Einwohner gewählt werden. Für Schulen, die ausschließlich mit Lehrern einer Konfession besetzt sind, sind nur Einwohner derselben Konfession wählbar. Wegen Eintritts eines anderen Geistlichen finden die Vorschriften des § 44 I Nr. 4, betreffs des Ausschlusses von Mitgliedern die Bestimmungen des § 44 III entsprechende Anwendung.[2])

Wo derartige Organe unter oder neben einer Schuldeputation oder ohne eine solche schon bisher in Städten bestehen, in denen die Volksschullast den bürgerlichen Gemeinden obliegt, hat es dabei sein Bewenden, vorbehaltlich der anderweiten Ordnung ihrer Zusammensetzung und Zuständigkeit nach den in Abs. 1 und 2 gegebenen Vorschriften. Die Aufhebung einer Schulkommission darf nur aus erheblichen Gründen mit Genehmigung der Schulaufsichtsbehörde erfolgen.

Die näheren Anweisungen über die Zuständigkeit und die Geschäftsführung der Schulkommissionen werden von dem Gemeindevorstande getroffen. Sie bedürfen der Genehmigung der Schulaufsichtsbehörde.

Kommt ein gültiger Gemeindebeschluß im Falle des Abs. 3 nicht zustande oder erläßt der Gemeindevorstand nicht die Anweisung (Abs. 4), so beschließt die Schulaufsichtsbehörde über die Zusammensetzung,

Zuständigkeit und Geschäftsführung der Schulkommissionen.

[1]) Nachdem an die Stelle der konfessionellen Sozietäten als Träger der Schullast die interkonfessionelle politische Gemeinde getreten ist, schien es gerechtfertigt, den Wünschen der Konfessionen nach einer besonderen Vertretung in gewissem Maße Rechnung zu tragen. Der Entwurf sah deshalb in § 29 die Einsetzung wesentlich konfessionell zusammengesetzter Kommissionen vor, deren Aufgabe in der Wahrnehmung der besonderen, d. h. konfessionellen, Interessen der ihnen unterstellten Schulen bestehen sollte. Infolge eines Beschlusses der Kommission des Abgeordnetenhauses ist der ausschließlich konfessionelle Charakter dieser Kommissionen etwas mehr in den Hintergrund getreten. Nach dem Gesetze sind die Schulkommissionen örtliche Schulpflegeorgane geworden, die nicht lediglich die konfessionellen Interessen, sondern allgemein die Interessen der Schulen, für welche sie eingesetzt sind, wahrzunehmen und die Verbindung zwischen Schule und Eltern zu fördern haben. Wenn auch hauptsächlich in Schulverbänden, zu denen Schulen verschiedener Konfession gehören, die Bildung von Schulkommissionen in Frage kommen wird, so muß doch andererseits hervorgehoben werden, daß deren Bildung auch für Simultanschulen erfolgen kann (Begr. S. 85/86, KommBer. AH. S. 379 ff.).

[2]) Die Mitglieder können von der Zugehörigkeit zu der Kommission von der Schulaufsichtsbehörde ausgeschlossen werden; einer Bestätigung durch dieselbe bedürfen sie nicht.

2. Landgemeinden und Gutsbezirke.

§ 46.

Die Feststellung des Schulhaushalts, die Bewilligung der für die Schule erforderlichen Mittel, die Rechnungsentlastung und die vermögensrechtliche Vertretung nach außen[1]) erfolgt in Landgemeinden, welche einen eigenen Schulverband bilden, durch deren verfassungsmäßige Organe nach Maßgabe der Landgemeindeordnungen, in Gutsbezirken, die einen eigenen Schulverband bilden, durch den Gutsvorsteher,[2]) im Falle des § 8 Abs. 2[3]) durch eine zu diesem Zwecke zu bildende Gutsvertretung.

Die näheren Vorschriften über die Zusammensetzung und Wahl der Gutsvertretung sind in dem gemäß § 8 Abs. 2 durch den Kreisausschuß zu erlassenden Statute zu treffen. Auf die Befugnisse, Beschlußfassung und Geschäftsführung der Gutsvertretung sowie auf die Mitwirkung der Aufsichtsbehörden finden die in Landgemeinden für die Gemeindevertretung und Gemeindeverwaltung geltenden Vorschriften Anwendung. Der Gutsvorsteher hat der Gutsvertretung gegenüber die Befugnisse des Gemeindevorstehers.

Die im § 35 Abs. 2 des Zuständigkeitsgesetzes[4]) dem Besitzer des Gutes gegebene Klage steht im Falle des § 8 Abs. 2 dem Gutsvorsteher zu.

[1]) Abweichend von den für die Stadtgemeinden in § 43 Abs. 1 gegebenen Bestimmungen steht in Landgemeinden, welche einen eigenen Schulverband bilden, die Verwaltung des Schulvermögens und die Anstellung der Beamten nicht den verfassungsmäßigen Gemeindeorganen,

sondern gemäß § 47 Abs. 1 den Schulvorständen zu (StenBer. AH. S. 5861/2).

²) Weil er gemäß § 8 Abs. 1 die Schullasten allein trägt.

³) Wenn also die Schullasten im Gutsbezirk unterverteilt werden.

⁴) § 35 des Zuständigkeitsgesetzes vom 1. August 1883 lautet: „Unterläßt oder verweigert eine Landgemeinde (Amt, Bürgermeisterei) oder ein Gutsbezirk, die ihnen gesetzlich obliegenden, von der Behörde innerhalb der Grenzen ihrer Zuständigkeit festgestellten Leistungen auf den Haushaltsetat zu bringen oder außerordentlich zu genehmigen bzw. zu erfüllen, so verfügt der Landrat, unter Anführung der Gründe, die Eintragung in den Etat, bzw. die Feststellung der außerordentlichen Ausgabe.

Gegen die Verfügung des Landrats steht der Gemeinde bzw. dem Besitzer des Guts die Klage bei dem Bezirksausschusse zu."

§ 47.

In Landgemeinden, welche einen eigenen Schulverband bilden, ist für die Verwaltung der der Gemeinde zustehenden Angelegenheiten der Volksschulen ausschließlich der im § 46 Abs. 1 bezeichneten ein Schulvorstand einzusetzen.[1])

Der Schulvorstand hat zugleich für die äußere Ordnung im Schulwesen zu sorgen und die Verbindung zwischen Schule und Elternhaus zu pflegen. Die näheren Anweisungen werden von der Schulaufsichtsbehörde getroffen.[2])

Der Schulvorstand besteht aus dem Gemeindevorsteher, in der Provinz Westfalen und in der

Rheinprovinz außerdem dem Amtmann und Bürgermeister, einem von der Schulaufsichtsbehörde bestimmten Lehrer der Schule und dem nach dem Dienstrange vorgehenden oder sonst dem dienstältesten derjenigen Pfarrer der evangelischen Landeskirche und der katholischen Kirche, zu deren Pfarreien die Schulkinder gehören. Statt des genannten Pfarrers kann ein anderer Geistlicher eintreten, falls hierüber Einverständnis zwischen der Schulaufsichtsbehörde und der kirchlichen Oberbehörde besteht. Auf den Eintritt des Rabbiners finden die für die Schuldeputation gegebenen Vorschriften sinngemäß Anwendung.[3]) Umfaßt der Schulverband nur Schulen, die mit Lehrkräften ein und derselben Konfession besetzt sind, so gehört weder der Pfarrer der anderen Konfession noch der Rabbiner dem Schulvorstand an.

Endlich gehören zum Schulvorstande zwei bis sechs zu den Schulen des Schulverbandes gewiesene Einwohner.[4]) Die Festsetzung der Zahl der Mitglieder erfolgt durch Beschluß der Gemeindeorgane. Die Wahl geschieht durch die Gemeindevertretung (Gemeindeversammlung).

Die gewählten Mitglieder des Schulvorstandes sowie der Rabbiner bedürfen der Bestätigung der Schulaufsichtsbehörde. Die Schulaufsichtsbehörde ist befugt, das Bestätigungsrecht auf die ihr nachgeordneten Organe zu übertragen. Der § 44 II Abs. 4 findet Anwendung.

Betreffs des Ausschlusses von Mitgliedern des Schulvorstandes finden die Bestimmungen des § 44 III mit der Maßgabe entsprechende Anwendung, daß die Klage im Verwaltungsstreitverfahren bei dem Kreisausschusse stattfindet.

Die Dauer der Ämter, die Verpflichtung zur Annahme der Wahlen sowie die Beschlußfassung des Schulvorstandes richtet sich nach den Vorschriften des § 44 II Abs. 5, jedoch mit der Maßgabe, daß die gewählten Mitglieder zur Niederlegung ihres Amtes nach dreijähriger Amtsführung nur bei dem Vorhandensein eines der Entschuldigungsgründe berechtigt sind, welche im § 65 Abs. 2 der Landgemeindeordnung vom 3. Juli 1891 (Gesetz-Samml. S. 233)[5]) aufgeführt sind.

Der Vorsitzende des Schulvorstandes wird von der Schulaufsichtsbehörde in der Regel aus der Zahl der Mitglieder des Schulvorstandes bestimmt.[6]) Eine Teilung des Vorsitzes nach Geschäftszweigen ist zulässig.[7])

Der Ortsschulinspektor ist, soweit er nicht Mitglied ist,[8]) berechtigt, an den Sitzungen des Schulvorstandes teilzunehmen, und muß zu diesen eingeladen werden. Er ist auf Verlangen jederzeit zu hören.

In Landgemeinden mit mehr als 10000 Einwohnern kann auf Beschluß der Gemeindeorgane eine Schuldeputation eingesetzt werden, auf deren Zusammensetzung und Zuständigkeit die §§ 43 bis 45 sinngemäß Anwendung finden. In gleicher Weise können in Landgemeinden mit mehr als 3000 Einwohnern Schuldeputationen, jedoch nur mit Genehmigung der Schulaufsichtsbehörde, eingerichtet werden.

In Gutsbezirken, die einen eigenen Schulverband bilden, ist im Falle des § 8 Abs. 2[9]) ein Schulvorstand zu bilden, auf dessen Befugnisse und Zusammensetzung die Vorschriften der Abs. 1 bis 9 mit der Maßgabe Anwendung finden, daß die Zahl der Mitglieder in dem Statute festgesetzt wird und daß die Wahl durch die Gutsvertretung erfolgt.

In Gutsbezirken der im § 8 Abs. 1[10]) bezeichneten Art bestimmt der Gutsvorsteher die Zahl der aus den Einwohnern des Schulverbandes zu entnehmenden Mitglieder und ernennt sie. Die ernannten Mitglieder bedürfen der Bestätigung der Schulaufsichtsbehörde. Im übrigen finden die Bestimmungen der Abs. 2 bis 9 Anwendung.[11])

[1]) Vgl. Anm. 1 zu § 46.

[2]) Der Lokalschulinspektor übt im Auftrage des Staates die örtliche Schulaufsicht aus. Der Schulvorstand kann nach der historischen Entwicklung bei der Wahrnehmung von Schulaufsichtsgeschäften beteiligt werden; dies geschieht

auch vielfach z. B. bei Erledigung der Schulversäumnisse, bei der Ferienordnung pp. Ein eigenes Recht aber auf die Beteiligung hat der Schulvorstand nicht. Insofern kann man sagen, daß der Schulvorstand ein Gemeindeorgan ist; er ist aber sicher kein Organ der Gemeindebehörden (KommBer. AH. S. 396).

[3]) Vgl. § 44 I Ziffer 5.

[4]) Der Schulvorstand soll nicht — wie im Entwurf vorgesehen — nach ganz konfessionellen Grundsätzen gebildet werden. Deshalb ist auch — abweichend von dem Entwurf — davon abgesehen, den Ortsschulinspektor, der nach der bisherigen Praxis in der Mehrzahl der Fälle der Ortsgeistliche ist und wohl auch künftig sein wird, per legem zum Vorsitzenden des Schulvorstandes zu machen. Deshalb ist auch die Mitgliedschaft je eines Geistlichen der evangelischen und der katholischen Kirche sowie ev. des Rabbiners — abgesehen von dem im letzten Satz des dritten Absatzes behandelten Falle — vorgesehen; auch ist über die Konfession der Einwohner keine Bestimmung getroffen.

[5]) Das sind anhaltende Krankheit, Geschäfte, welche eine häufige oder lange andauernde Abwesenheit vom Wohnorte mit sich bringen, das Alter von 60 Jahren, die Verwaltung eines unmittelbaren Staatsamtes, sonstige besondere Verhältnisse, welche eine gültige Entschuldigung begründen.

[6]) Bei der Bestimmung des Vorsitzenden wird die Schulaufsichtsbehörde die bestehenden Verhältnisse nach Möglichkeit zu berücksichtigen haben. Im allgemeinen wird der Ortsschulinspektor die geeignetste, vielfach überhaupt die einzige geeignete Persönlichkeit dazu sein. Wo aber, wie z. B. in den vormals sächsischen Landesteilen, meistens der Rittergutsbesitzer Vorsitzender ist, würde, wenn er die ihm obliegenden Pflichten auch tatsächlich erfüllt, seine Verdrängung nicht richtig sein (KommBer. AH. S. 388 ff.).

7) Diese Einrichtung hat sich in manchen Landesteilen bereits bewährt, so ist der Bürgermeister bzw. Amtmann im Rheinland bzw. in Westfalen praeses in externis, der Pastor praeses in internis.

8) Der Ortsschulinspektor wird in der Regel, als Ortsgeistlicher, Mitglied des Schulvorstandes sein (vgl. Anm. 4 und 6).

9) D. i. im Falle der Unterverteilung der Schullasten.

10) D. i. wenn der Gutsbesitzer die Schullasten allein trägt.

11) Im Falle des § 8 Abs. 1 steht also dem Schulvorstande die Verwaltung der in Abs. 1 bezeichneten Angelegenheiten nicht zu; er hat nur die Befugnisse des Abs. 2 auszuüben.

§ 48.

In Landgemeinden (Gutsbezirken), welche neben lediglich mit evangelischen Lehrkräften besetzten Schulen solche mit nur katholischen Lehrkräften besetzte oder neben der einen oder anderen Art Schulen der im § 36 Abs. 1 erwähnten Gattung unterhalten, ist unter Bestätigung der Schulaufsichtsbehörde zur Wahrnehmung der im § 47 Abs. 2 bezeichneten Geschäfte für jede einzelne Schule oder für mehrere Schulen derselben Art als Organ des Schulvorstandes eine besondere Schulkommission einzusetzen,[1]) auf welche die Vorschriften des § 47 Abs. 3 bis 9 sinngemäß Anwendung finden.

1) Diese Bestimmung ist ein Korrelat zu § 45; sie geht aber weiter als jener Paragraph, denn dort ist vorgesehen, daß auf Antrag der Gemeinde eine Schul-

kommission eingesetzt werden müsse, nach § 48 aber sind die Schulkommissionen in Landgemeinden mit Volksschulen verschiedenen konfessionellen Charakters für jede Schule bzw. Schulart obligatorisch. Das Prinzip der Konfessionalität ist hier stärker betont worden, weil durch § 47 der bisher in der Regel konfessionell gestaltete Schulvorstand auf dem Lande interkonfessionell geworden und dadurch eine gewisse Schwächung des konfessionellen Prinzips der Volksschule bewirkt worden ist (vgl. KommBer. AH. S. 406). Die Kommissionen haben für die äußere Ordnung im Schulwesen zu sorgen und die Verbindung zwischen Schule und Elternhaus zu pflegen.

3. Gesamtschulverbände.

§ 49.

Die Verwaltung der im § 43 Abs. 1 und 2 und § 47 Abs. 2 bezeichneten Angelegenheiten[1]) erfolgt in Gesamtschulverbänden[2]) durch den Schulvorstand[3]) und den Verbandsvorsteher.[4]) Letzterer ist die ausführende Behörde.[5])

[1]) Das sind also die sonst den Gemeindeorganen und der Schuldeputation bzw. dem Schulvorstande vorbehaltenen äußeren und inneren Angelegenheiten der Volksschule.

[2]) Größere Städte werden selten mit anderen Gemeinden bzw. Gutsbezirken einen Gesamtschulverband bilden; meist wird eine gastweise Einschulung in Frage kommen, vgl. Anm. 2 zu § 2. Gehört aber dem Gesamtschulverbande eine Stadt an, so ist stets eine Schuldeputation statt eines Schulvorstandes einzurichten (§ 57).

[3]) Über dessen Zusammensetzung siehe § 50.

[4]) Vgl. § 51.

[5]) Vgl. §§ 53 und 54.

§ 50.

Der Schulvorstand besteht aus Vertretern der zum Schulverbande gehörigen Gemeinden und Gutsbezirke. Jede Gemeinde und jeder Gutsbezirk sind wenigstens durch einen Abgeordneten zu vertreten. Die Gesamtzahl der Vertreter muß mindestens drei betragen.

Das Verhältnis, in welchem die zum Schulverbande gehörigen Gemeinden und Gutsbezirke im Schulvorstande zu vertreten sind, und das den Vertretern beizulegende Stimmrecht bemißt sich nach dem Gesamtbetrage der von den Gemeinden und Gutsbezirken für die Verbindlichkeiten des Schulverbandes zu entrichtenden Abgaben.[1]) Mit dieser Maßgabe beschließt über die Zahl der Vertreter, das ihnen beizulegende Stimmrecht und ihre Verteilung auf die Gemeinden und Gutsbezirke mangels einer Einigung der Beteiligten für einen Zeitraum von je fünf Jahren der Kreisausschuß, sofern eine Stadt beteiligt ist, der Bezirksausschuß.[2]) Verschieben sich in der Zwischenzeit die für die Verteilung maßgebenden Verhältnisziffern in erheblichem Umfange, so ist der Beschluß des Kreisausschusses (Bezirksausschusses) von Amts wegen oder auf Antrag eines Beteiligten auch vor Ablauf der fünf Jahre erneut zu prüfen.

Die Vertretung der Landgemeinden erfolgt durch den Gemeindevorsteher oder seinen Stellvertreter und durch andere von der Gemeindevertretung (Gemeindeversammlung) aus den zum Schulbezirke des Verbandes gehörigen Einwohnern[3]) zu wählende Abgeordnete. Die Vertretung der Stadtgemeinden erfolgt durch den Bürgermeister oder den Beigeordneten (zweiten Bürgermeister) oder ein sonstiges Magistratsmitglied und durch andere von der Stadtverordnetenversammlung gleicherweise zu wählende Abgeordnete.[4]) Wählbar sind nur die zur Übernahme des Amtes als Gemeindeverordnete (Gemeindeausschußmitglieder, Stadtverordnete) befähigten Personen.[5])

Die dem Gutsbezirke zustehenden Stimmen werden vom Gutsbesitzer oder dessen Beauftragten geführt. Der Gutsbesitzer kann auch eine der ihm zustehenden Stimmenzahl entsprechende Anzahl von Vertretern ernennen. Im Falle des § 8 Abs. 2[6]) ist über die Führung der dem Gutsbezirke zustehenden Stimmen in dem vom Kreisausschusse zu erlassenden Statute mit der Maßgabe Bestimmung zu treffen, daß das Stimmrecht tunlichst der Beitragspflicht angepaßt wird.

Abweichungen von den vorstehenden Bestimmungen können auf Antrag eines Beteiligten (Gemeinde, Gutsbezirk) durch den Kreisausschuß, sofern eine Stadt beteiligt ist, durch den Bezirksausschuß festgesetzt werden. Die Festsetzung unterliegt der Genehmigung der Schulaufsichtsbehörde.

Auf den Eintritt der Geistlichen, Rabbiner und Lehrer finden die Vorschriften des § 47 Abs. 3 sinngemäß Anwendung.

Die gewählten und die vom Gutsbesitzer ernannten Mitglieder des Schulvorstandes sowie der Rabbiner bedürfen der Bestätigung der Schulaufsichtsbehörde. Die Schulaufsichtsbehörde ist befugt, das Bestätigungsrecht auf die ihr nachgeordneten Organe zu übertragen. Der § 44 II Abs. 4 findet Anwendung.

Betreffs des Ausschlusses von Mitgliedern des Schulvorstandes finden die Bestimmungen des § 47 Abs. 6 Anwendung.

Besteht ein Verband lediglich aus Gutsbezirken, welche demselben Gutsbesitzer gehören, und in denen eine Unterverteilung nach § 8 Abs. 2 nicht stattfindet, so steht die Verwaltung der im § 43 Abs. 1 und 2 bezeichneten Angelegenheiten dem Gutsvorsteher zu und, falls mehrere Gutsvorsteher beteiligt sind, dem vom Kreisausschusse hierfür bezeichneten. Auf die Bildung und Zuständigkeit[7]) des Schulvorstandes finden die Bestimmungen im § 47 letzter Absatz sinngemäß Anwendung.

[1]) Siehe § 9.

[2]) Gemäß § 121 des Landesverwaltungsgesetzes findet innerhalb zwei Wochen gegen den Beschluß des Kreisausschusses die Beschwerde an den Bezirksausschuß, gegen den in erster Instanz ergehenden Beschluß des Bezirksausschusses die Beschwerde an den Provinzialrat statt. Der auf Beschwerde gefaßte Beschluß des Bezirksausschusses und der Beschluß des Provinzialrates sind endgültig.

[3]) Schulbezirk ist der territorial oder konfessionell abgegrenzte Teil einer Gemeinde, aus dem die Kinder einer bestimmten Schule zugewiesen sind. Hiernach sind also nur Einwohner desjenigen Teiles einer Gemeinde, aus welchem die Kinder die Schule des Gesamtschulverbandes besuchen, als Abgeordnete wählbar, wenngleich die Gemeinde als Ganzes dem Gesamtschulverbande angehört.

[4]) Vgl. Anm. 3.

[5]) Vgl. § 53 der Landgemeindeordnung vom 3. Juli 1891 und § 17 der Städteordnung vom 30. Mai 1853.

[6]) d. h. im Falle der Unterverteilung der Schullasten.

[7]) Vgl. Anm. 11 zu § 47.

§ 51.

Der Verbandsvorsteher sowie ein Stellvertreter für ihn werden von der Schulaufsichtsbehörde aus der Zahl der Mitglieder des Schulvorstandes ernannt.[1]) Ist keine geeignete Persönlichkeit im Schulvorstande vorhanden, so wird von der Schulaufsichtsbehörde eine andere Persönlichkeit kommissarisch mit den Geschäften des Vorsitzenden oder seines Stellvertreters betraut. Der kommissarische Vorsitzende hat in den Angelegenheiten der Feststellung des Schulhaushalts, der Bewilligung der für die

Schule erforderlichen Mittel und der Rechnungsentlastung kein Stimmrecht.[2])

Der Ortsschulinspektor ist, soweit er nicht Mitglied ist, befugt, an den Sitzungen des Schulvorstandes teilzunehmen, und muß zu diesen zugezogen werden.[3])

In der Provinz Westfalen versieht der Amtmann, in der Rheinprovinz der Bürgermeister das Amt des Verbandsvorstehers[4]) für die in seinem Amte beziehungsweise seiner Bürgermeisterei bestehenden Gesamtschulverbände.[5]) Erstreckt sich ein Schulverband über mehrere Ämter oder Bürgermeistereien, so bestimmt der Landrat, sofern eine Stadt beteiligt ist, der Regierungspräsident den zuständigen Amtmann oder Bürgermeister.

[1]) Vgl. § 47 Abs. 8. Es erschien zweckmäßig, den Verbandsvorsteher sowie seinen Stellvertreter nicht wählen, sondern ihn von der Schulaufsichtsbehörde, als einer unparteiischen Behörde, ernennen zu lassen. In den meisten Fällen wird eine größere Gemeinde mit Gutsbezirken oder einigen kleineren Gemeinden bzw. mit beiden Arten von kommunalen Gebilden zu einem Gesamtschulverbande vereinigt werden. Da die Mitglieder der größeren Gemeinde in der Regel die Majorität haben werden, so würden sie in der Lage sein, unter allen Umständen den Vorsteher zu wählen, auch wenn unter den anderen Mitgliedern sehr viel geeignetere Personen sich befinden sollten. Durch das Ernennungsrecht der Schulaufsichtsbehörde wird also einer einseitigen Interessenpolitik ein Riegel vorgeschoben. Sollte der seltene Fall vorkommen, daß eine große Stadt einem Gesamtschulverbande

angehört, so wird, wenn nicht ganz besondere Gründe vorliegen, der Bürgermeister dieser Stadt zum Verbandsvorsteher zu ernennen sein (vgl. KommBer. HH. S. 107).

²) Es erschien nicht zweckmäßig, dem kommissarischen Verbandsvorsteher in den hier erwähnten Angelegenheiten ein Stimmrecht einzuräumen, weil es sich dabei um Wahrnehmung von Funktionen durch den Schulvorstand des Gesamtschulverbandes handelt, welche in einfachen Schulverbänden nicht dem Schulvorstande, sondern den verfassungsmäßigen Gemeindeorganen bzw. dem Gutsvorsteher oder der Gutsvertretung obliegen. § 43 Abs. 1 u. § 46 Abs. 1 (KommBer. AH. S. 580) vgl. auch § 53 Abs. 2 letzter Satz.

³) Siehe § 47 Abs. 9 und Anm. 8 daselbst.

⁴) Tatsächlich sind die Amtmänner und Bürgermeister bereits bisher die Vorsitzenden in den Verbänden gewesen und haben die Befugnisse eines solchen kraft des bestehenden Rechts ausgeübt; dies gilt namentlich auch für die Fälle, in denen die Bürgermeisterei bzw. der Amtsverband die Schulunterhaltung als Verbandslast übernommen hat. Nunmehr dem Bürgermeister bzw. Amtmann den Vorsitz zu entziehen, dazu lag um so weniger Veranlassung vor, als sich dieses Institut durchaus bewährt hat (KommBer. AH. S. 411).

⁵) Die Worte „für die in seinem Amte .... Gesamtschulverbände" sind auf Beschluß der Kommission des Herrenhauses zugesetzt, damit der Bürgermeister einer mit dem Amt bezw. der Bürgermeisterei zu einem Gesamtschulverbande verbundenen Stadt nicht von dem Vorsitze ausgeschlossen würde (KommBer. HH. S. 126).

§ 52.

Die Wahlen erfolgen auf die Dauer von sechs Jahren. In betreff der Verpflichtung zur Übernahme der Stellen gelten die für unbesoldete

Gemeindeämter bestehenden Vorschriften.[1]) Die Gewählten sind berechtigt, nach drei Jahren unter den im § 47 Abs. 7 erwähnten Voraussetzungen ihr Amt niederzulegen.

Der Verbandsvorsteher und sein Stellvertreter werden vor ihrem Amtsantritte von dem Landrat oder in seinem Auftrage vereidigt.

Der ernannte[2]) Verbandsvorsteher hat den Ersatz seiner baren Auslagen und die Gewährung einer mit seiner amtlichen Mühewaltung in angemessenem Verhältnisse stehenden Entschädigung zu beanspruchen. Ihre Aufbringung liegt dem Verband ob.

Über die Festsetzung der baren Auslagen und der Entschädigung des Verbandsvorstehers und des kommissarischen Vorstehers beschließt der Kreisausschuß, sofern eine Stadt beteiligt ist, der Bezirksausschuß auf Antrag der Beteiligten.

Bezüglich der Dienstvergehen der Verbandsvorsteher und der sonstigen Beamten des Gesamtschulverbandes finden die für die Dienstvergehen der Gemeindevorsteher, Bürgermeister usw. geltenden Bestimmungen Anwendung.[3])

[1]) Vgl. z. B. § 74 der Städteordnung vom 30. Mai 1853 und § 65 der Landgemeindeordnung vom 3. Juli 1891.

[2]) Die Bürgermeister in der Rheinprovinz und die Amtmänner in Westfalen haben als geborene Verbandsvorsteher (vgl. § 51 Abs. 3), wenn sie in ihrem eigenen

Amtsbezirk diese Funktionen ausüben, also keinen Anspruch auf Ersatz ihrer baren Auslagen usw. Sie beziehen auch zu diesem Zweck schon ihre Dienstunkostenentschädigungen (KommBer. AH. S. 580/581).

[3]) Vgl. § 20 und 36 des Zuständigkeitsgesetzes vom 1. August 1883.

§ 53.

Der Verbandsvorsteher bereitet die Beschlüsse des Schulvorstandes vor, beruft ihn, führt den Vorsitz in den Versammlungen und bringt die Beschlüsse zur Ausführung.

Die Beschlüsse werden nach Stimmenmehrheit[1]) bei Anwesenheit von mindestens drei Mitgliedern gefaßt. Bei Stimmengleichheit gibt die Stimme des Vorsitzenden den Ausschlag. Kommt eine beschlußfähige Versammlung nicht zustande, so ist eine zweite Sitzung anzuberaumen. Ist auch diese beschlußunfähig, so hat der Verbandsvorsteher allein[2]) hinsichtlich der auf der Tagesordnung stehenden Gegenstände Anordnung zu treffen. An Verhandlungen und Beschlüssen, an welchen einzelne Mitglieder persönlich interessiert sind, dürfen diese nicht teilnehmen. Bei Beschlüssen über Angelegenheiten, betreffend die Feststellung des Schulhaushalts, die Bewilligung der für die Schulen erforderlichen Mittel und die Rechnungsentlastung, haben die im

§ 47 Abs. 3 bezeichneten Lehrer und Geistlichen kein Stimmrecht.[3])

Beschlüsse des Schulvorstandes, welche seine Befugnisse überschreiten oder die Gesetze, das Gemeinwohl oder das Interesse des Verbandes verletzen, hat der Verbandsvorsteher — entstehendenfalls auf Anweisung der Schulaufsichtsbehörde — zu beanstanden. Gegen die beanstandende Verfügung steht dem Schulvorstande die Klage im Verwaltungsstreitverfahren beim Bezirksausschusse binnen zwei Wochen zu.

Der Verbandsvorsteher vertritt den Schulverband nach außen. Urkunden, welche den Schulverband verpflichten, sind von dem Verbandsvorsteher oder seinem Stellvertreter und einem Mitgliede des Schulvorstandes zu vollziehen.

[1]) Wegen der Verschiedenheit des Umfanges des Stimmrechtes der einzelnen Vertreter vgl. § 50 Abs. 2 und 4 und wegen der Nichtberechtigung des kommissarischen Verbandsvorstehers zum Mitstimmen in den Angelegenheiten der Feststellung des Schulhaushalts, der Bewilligung der für die Schule erforderlichen Mittel und der Rechnungsentlastung vgl. § 51 Abs. 1 letzter Satz und Anm. 2 daselbst.

[2]) Selbst bei Anwesenheit noch eines Mitgliedes, da der Schulvorstand erst bei Anwesenheit von mindestens drei Mitgliedern beschlußfähig ist; und dann auch der kommissarische Verbandsvorsteher hinsichtlich der in Anm. 1 erwähnten Angelegenheiten.

[3]) Vgl. § 50 Abs. 6.

§ 54.

Der Verbandsvorsteher hat die Leistungen für den Verband und die Schule nach den Gesetzen[1]) und den Beschlüssen des Schulvorstandes auf die Gemeinden (Gutsbezirke) und Dritte, nach öffentlichem Rechte Verpflichtete,[2]) zu verteilen und wegen ihrer Einziehung und Abführung die erforderlichen Anordnungen zu treffen.

Gegen die Veranlagung steht den Beteiligten binnen vier Wochen der Einspruch zu.

Auf Beschwerden und Einsprüche, betreffend

1. die Verpflichtung der Zahlung von Fremdenschulgeld (§ 6),
2. die Heranziehung der einzelnen Gemeinden und Gutsbezirke sowie nach öffentlichem Rechte verpflichteter Dritter zu den Leistungen für den Verband und die Schule,

beschließt der Verbandsvorsteher.

Gegen den Beschluß findet binnen zwei Wochen die Klage im Verwaltungsstreitverfahren statt.

Zuständig ist in erster Instanz der Kreisausschuß, sofern eine Stadt beteiligt ist, der Bezirksausschuß.

Beschwerden und Einsprüche haben keine aufschiebende Wirkung.

Der Entscheidung im Verwaltungsstreitverfahren unterliegen desgleichen Streitigkeiten zwischen Beteiligten über ihre in dem öffentlichen Rechte begründeten Verpflichtungen zu Leistungen für den Verband und für die Schule.

Der § 48 des Zuständigkeitsgesetzes[3]) findet auf Gesamtschulverbände Anwendung. Sofern eine Stadt beteiligt ist, ist nach den für Stadtschulen geltenden Vorschriften zu verfahren.

[1]) Vgl. §§ 5, 6, 9.

[2]) Vgl. § 32 Abs. 2 u. 4.

[3]) § 48 des Zuständigkeitsgesetzes vom 1. August 1883 lautet:

Unterläßt oder verweigert ein Schulverband (Schulgemeinde, Schulsozietät, Schulkommune usw.) bei Schulen, welche der allgemeinen Schulpflicht dienen, in anderen als den in § 47 Abs. 1 bezeichneten Fällen — (betrifft Bauten) — die ihm nach öffentlichem Recht obliegenden, von der Behörde innerhalb der Grenzen ihrer Zuständigkeit festgestellten Leistungen auf den Haushaltsetat zu bringen oder außerordentlich zu genehmigen beziehungsweise zu erfüllen, so verfügt der Landrat und, sofern es sich um Stadtschulen handelt, der Regierungspräsident die Eintragung in den Etat beziehungsweise die Feststellung der außerordentlichen Ausgabe.

Gegen die Verfügung des Landrats steht dem Schulverbande die Klage bei dem Bezirksausschusse, gegen die Verfügung des Regierungspräsidenten die Klage beim Oberverwaltungsgericht zu. Dabei finden die Bestimmungen des § 47 Abs. 2 Satz 2 und Abs. 4 sinngemäße Anwendung.

§ 55.

In Gesamtschulverbänden, welche neben lediglich mit evangelischen Lehrkräften besetzten Schulen solche mit nur katholischen Lehrkräften besetzte oder neben der einen oder anderen Art Schulen der im § 36 Abs. 1 erwähnten Gattung unterhalten, ist zur Wahrnehmung der im § 47 Abs. 2 bezeichneten Geschäfte für jede einzelne Schule oder für mehrere Schulen derselben Art als Organ des Schulvorstandes eine besondere Schulkommission einzusetzen, auf die die Vorschriften des § 47 Abs. 3 bis 9 sinngemäß Anwendung finden.[1])

[1]) Vgl. § 48.

§ 56.

Aus Gemeinden und Gutsbezirken oder Teilen von solchen bestehende kommunale nachbarliche Verbände, welche anderen Zwecken dienen[1]) (Amtsverbände in Westfalen, Bürgermeistereien in der Rheinprovinz usw.), können auf ihren Antrag, sofern sie nach ihrer Verfassung einen Vorsteher und eine Verbandsvertretung (Ausschuß usw.) haben, von der Schulaufsichtsbehörde im Einvernehmen mit dem Regierungspräsidenten zu Gesamtschulverbänden erklärt werden. Auf diese finden in bezug auf die Verwaltung der Volksschulangelegenheiten und die Aufbringung der hierzu erforderlichen Mittel die für Gesamtschulverbände gegebenen Vorschriften Anwendung, soweit nicht ihre Verfassung anderweit geordnet ist.

[1]) Vgl. z. B. § 128 der Landgemeindeordnung vom 3. Juli 1891.

§ 57.

Auf die Einrichtung von Schuldeputationen finden die Bestimmungen des § 47 Abs. 10[1]) sinngemäß Anwendung. Gehört dem Gesamtschulverband eine Stadt an, so ist stets eine Schuldeputation einzurichten.

[1]) Dieselben besagen, daß in Landgemeinden mit mehr als 10 000 Einwohnern auf Beschluß der Gemeindeorgane eine Schuldeputation eingesetzt werden kann, daß dies auch in Landgemeinden mit mehr als 3000 Einwohnern zulässig ist, jedoch nur mit Genehmigung der Schulaufsichtsbehörde.

4. Gemeinsame Bestimmungen (Lehrerberufung).*)

§ 58.

Bis zum Erlaß eines allgemeinen Gesetzes über die Lehreranstellung[1]) finden die folgenden Vorschriften (§§ 58 bis 62) Anwendung:

Die Rektoren, Hauptlehrer, Lehrer und Lehrerinnen an den öffentlichen Volksschulen werden von der Schulaufsichtsbehörde unter der durch dieses

Gesetz geordneten Beteiligung der Schulverbände[2]) aus der Zahl der Befähigten angestellt.

*) Vorbemerkung zu §§ 58—62. Je nach den einzelnen Gebieten sind die Rechtsverhältnisse hinsichtlich der Lehrerberufung innerhalb der Monarchie bisher sehr verschieden gewesen. Über den bisherigen Rechtszustand gibt die Begründung auf S. 88—92 eine eingehende Übersicht.

Ein ungefähres Bild von der Gruppierung der Befugnisse der Gemeinden bei der Lehreranstellung gibt folgende im Jahre 1904 aufgestellte Statistik:

Es bestehen in Preußen insgesamt etwa 92500 Schulstellen; davon besetzt der Staat frei 53000 Stellen, bei 12000 Stellen haben die Gutsherren und bei 21000 die Magistrate als Ortsobrigkeit das Berufungsrecht, bei rund 4500 Stellen erfolgt die Besetzung durch die Bischöfe, Klöster und durch Korporationen usw. Nur bei 1953 Stellen sind die bürgerlichen Gemeinden zum Vorschlag berechtigt; bei diesen ist die Schulaufsichtsbehörde insofern gebunden, als sie gegen den Vorschlag eine Ernennung nicht vornehmen kann. Unter den 53000 vom Staat zu besetzenden Stellen befinden sich 5000, bei denen die Gemeiden nach gesetzlicher Vorschrift gehört werden müssen, bei weiteren 16000 hat die Schulverwaltung im Wege der Verwaltungsverfügung den Schulvorständen, den Schuldeputationen usw. eine Anhörung oder ein Vorschlagsrecht freiwillig eingeräumt, das jederzeit rückgängig gemacht werden kann. Es ist nun verschiedentlich von den Vertretern der Unterrichtsverwaltung, insbesondere in den Kommissionssitzungen des Abgeordneten-, aber auch des Herrenhauses, hervorgehoben worden, daß bei den genannten 16000 Stellen eine sichere rechtliche Grundlage für die den Gemeinden übertragenen Befugnisse nicht bestände und daß weder bei den 21000 Stellen, für welche die Magistrate die Lehrer berufen könnten, noch bei den 12000 Stellen, die von den Gutsherren besetzt würden, es sich um ein eigentliches Recht der Gemeinden und Gutsherren, sondern nur um ein delegiertes staatliches Recht, welches diese qua Gerichtsobrigkeit wahrnähmen, d. h. unter Direktion der übergeordneten staatlichen Schulaufsichtsbehörden, handele. Dieser Rechtszustand entspräche dem Standpunkt des Landrechts, welches die Schulen als Veranstaltung des Staates ansähe und dem Staat die Fülle der Gewalt auf dem Gebiete der Schule einräume. Bezüglich der Lehrerernennung sei das bis heute aufrecht erhalten geblieben; insbesondere habe die Regierungsinstruktion von 1817 deutlich zum Ausdruck gebracht, daß es sich bei der Lehrerernennung um die Ausübung von Staatshoheitsrechten handele, und daß die Magistrate nur, insofern sie als Gerichtsobrigkeit an dieser Staatshoheit teilnähmen, ein gewisses Präsentationsrecht hätten, aber kein eigenes freies, aus den Rechten der Gemeinde herauswachsendes Ernennungsrecht. Die Städteordnung von 1808 habe hieran nichts geändert; die Instruktion von 1811 bestimme sogar ausdrücklich, daß die Stadtverordneten bei der Besetzung der Lehrerstellen nicht mitzureden hätten, und bringe damit klar zum Ausdruck, daß das Recht der Mitwirkung bei der Besetzung der Lehrerstellen nicht ein Gemeinderecht sei, sondern eine dem Magistrat auf Grund besonderer Delegation überwiesene Befugnis. Auch durch spätere Gesetze, insbesondere die Städteordnung von 1853, sei hieran nichts geändert worden, da den Städten eine Mitwirkung bei der Ernennung nicht eingeräumt wäre, und so sei es bis heute geblieben. Das Rechtsverhältnis gestalte sich daher so, daß von den 92500 Lehrerstellen in Preußen die Gemeinden als solche nur bei rd. 1900 Stellen nach geltendem öffentlichen Recht ein entscheidendes Mitwirkungsrecht hätten.

Nach der Entstehungsgeschichte des Artikels 24 der Verfassungsurkunde vom 31. Januar 1850 stehe zweifellos fest, daß man die Lehrerernennung nicht der Gemeinde habe überlassen wollen, sondern daß der Staat die Lehrer anstellen solle unter gesetzlich geordneter Mitwirkung der Gemeinden. Nach der Verfassungsurkunde gebühre also das Recht der Lehreranstellung dem Staate, und es wäre ausdrücklich abgelehnt, dieses Recht zu einem Recht der Gemeinde zu machen (vgl. KommBer. AH. insbes. S. 415 ff.).

Nicht unerwähnt mag bleiben, daß diese Auffassung der Unterrichtsverwaltung auf verschiedenen Seiten auf lebhaften Widerspruch stieß, welche das Lehrerberufungsrecht als ein Gemeinderecht in Anspruch nahmen.

[1]) Es handelt sich also nur um provisorische Vorschriften.

[2]) Durch diese dem Artikel 24 der Verfassungsurkunde entsprechende Vorschrift wird den Schulverbänden ein gesetzliches, verbrieftes Beteiligungsrecht bei der Lehreranstellung gewährt, das entweder in einem Wahl- oder Anhörungs- oder weiteren Mitwirkungsrecht besteht. Im einzelnen siehe wegen der Art der Beteiligung §§ 59, 60, 61. Nunmehr haben also die Schulverbände im allgemeinen die Initiative (Ausnahmen §§ 60, 62); das Rechtsverhältnis zwischen dem unterhaltungspflichtigen Schulverbande und dem anzustellenden Lehrer wird aber erst durch einen Staatsakt, dadurch, daß der Staat die Anstellung des Lehrers ausspricht, perfekt.

§ 59.

Die Lehrer und Lehrerinnen an den öffentlichen Volksschulen werden von der Gemeindebehörde aus der Zahl der Befähigten innerhalb einer von der

Schulaufsichtsbehörde zu bestimmenden Frist gewählt; jedoch erfolgt in Schulverbänden mit 25 oder weniger Schulstellen die Wahl aus drei von der Schulaufsichtsbehörde als befähigt Bezeichneten.[1])

Das Wahlrecht wird ausgeübt:

1. in Gemeinden, die einen eigenen Schulverband bilden, durch den Gemeindevorstand nach Anhörung der Schuldeputation oder des Schulvorstandes und der etwa vorhandenen Schulkommission, beim Vorhandensein mehrerer Schulkommissionen derjenigen, für deren Schule die Anstellung zunächst erfolgen soll. In den Orten, wo ein kollegialer Gemeindevorstand nicht besteht, wird das Wahlrecht durch die Schuldeputation (Schulvorstand) ausgeübt,[2])
2. in solchen Gutsbezirken und Gesamtschulverbänden, auf welche die Bestimmungen der §§ 8 Abs. 1 und 50 Abs. 9 zutreffen,[3]) durch den Gutsbesitzer nach Anhörung des Schulvorstandes;
3. in den übrigen Schulverbänden[4]) durch den Schulvorstand (Schuldeputation § 57).

Die Gewählten bedürfen der Bestätigung durch die Schulaufsichtsbehörde und werden von ihr unter Ausfertigung der Ernennungsurkunde für den Schulverband[5]) angestellt. Die Bestätigung darf nur aus erheblichen Gründen versagt werden.[6])

Versagt die Schulaufsichtsbehörde die Bestätigung, so fordert sie unter Mitteilung hiervon zu einer anderweiten Wahl binnen einer von ihr zu bestimmenden Frist auf.

Das Wahlrecht erlischt für den betreffenden Fall, wenn die Fristen nicht innegehalten werden oder wenn die Schulaufsichtsbehörde zum zweitenmal die Bestätigung des Gewählten versagt. Die Anstellung erfolgt in diesem Falle unmittelbar durch die Schulaufsichtsbehörde für den Schulverband.

[1]) Die Beschränkung des Wahlrechtes in Schulverbänden mit 25 oder weniger Stellen ist erfolgt, weil es nicht zweckmäßig schien, die Frage, wer Lehrer werden solle, gar zu sehr in den engen Verhältnissen kleiner Gemeinden erörtern zu lassen, in denen sich leicht Einflüsse geltend machen, die nicht zum Besten der Schule dienen (vgl. KommBer. AH. S. 417/418).

[2]) In Orten, wo ein kollegialischer Gemeindevorstand nicht vorhanden ist — d. i. grundsätzlich in den Landgemeinden (vgl. jedoch § 74 Abs. 6 der Landgemeindeordnung vom 3. Juli 1891), in der Rheinprovinz nach § 53 der Rheinischen Städteordnung vom 15. Mai 1856 durchweg, in Westfalen gemäß § 72 der Städteordnung vom 19. März 1856 und im Geltungsgebiet der Städteordnung vom 30. Mai 1853 gemäß § 72 leg. cit. unter gewissen Voraussetzungen zugelassen —, würde beim Fehlen dieser Bestimmung der Bürgermeister an die Stelle der kollegialen Gemeindebehörde getreten sein. Dieser Zustand schien nicht erwünscht; es wurde deshalb das Wahlrecht auf die Schuldeputation übertragen, weil in ihr nach ihrer Zusammensetzung die kommunalen Behörden vertreten sind (vgl. KommBer. AH. S. 607).

[3]) D. i. in Gutsbezirken und lediglich aus Gutsbezirken bestehenden Gesamtschulverbänden, in welchen die Lasten auf die Steuerpflichtigen nicht unterverteilt sind, sondern allein von den Gutsbesitzern getragen werden.

[4]) D. s. Gesamtschulverbände, die nicht unter § 50 Abs. 9 fallen, und Gutsbezirke, in denen gemäß § 8 Abs. 2 eine Unterverteilung der Schullasten stattfindet.

[5]) Die Anstellung für den Schulverband hat die Bedeutung, daß der Lehrer nicht für eine bestimmte Stelle berufen wird, sondern daß ihm auch gegen seinen Willen eine andere Stelle in demselben Schulverband übertragen werden darf (KommBer. AH. S. 441).

[6]) Es ist lediglich in das Ermessen der Schulaufsichtsbehörde gestellt, ob und inwieweit sie „erhebliche Gründe" für vorliegend erachtet. Gegen die Versagung der Bestätigung ist selbstverständlich die Beschwerde im Dienstaufsichtswege, also an den Unterrichtsminister, zulässig. Die Versagung erfolgt ohne Angabe der Gründe. Der Vertreter der Unterrichtsverwaltung erklärte in der Kommission des Abgeordnetenhauses, die Staatsregierung habe absichtlich davon Abstand genommen, die Ablehnungsgründe in der Vorlage zu erwähnen; da in den meisten Fällen der Stadtschulrat der staatliche Schulbeamte sei, so erfahre die Gemeinde die Gründe doch, aber die Gründe schriftlich bei der Nichtbestätigung mitzuteilen und darüber in der Öffentlichkeit zu verhandeln, sei schon im Interesse der Lehrer, die hierbei in Betracht kämen, nicht erwünscht. Es wäre das auch bei der Nichtbestätigung von Kommunalbeamten nicht üblich (vgl. KommBer. AH. S. 433, 608, 609).

§ 60.

In Stellen, deren Inhabern Leitungsbefugnisse zustehen (Rektoren, Hauptlehrern usw.), sind solche Lehrer zu berufen, welche den besonderen, auf Gesetz oder rechtsgültigen Verwaltungsanordnungen beruhenden Voraussetzungen entsprechen.[1]) Hierbei hat eine angemessene Berücksichtigung auch der im Schuldienst außerhalb des Schulverbandes angestellten und bewährten Lehrpersonen, insbesondere von Hauptlehrern und Präparandenlehrern, zu erfolgen.[2])[3])

Die Besetzung dieser Stellen erfolgt durch die Schulaufsichtsbehörde nach Anhörung der im § 59 Abs. 2 bezeichneten Organe.[4])

[1]) In Betracht kommt hauptsächlich die Prüfungsordnung vom 1. Juli 1901. Der Titel „Rektor" ist keine persönliche Auszeichnung, sondern ist mit bestimmten ersten Lehrerstellen verbunden und setzt im allgemeinen die Ablegung der Rektoratsprüfung voraus (vgl. Erlasse vom 26. Mai 1880 ZBl. S. 661, vom 25. Juli 1894 ZBl. S. 704). Siehe jedoch auch Erlaß vom 4. Juli 1903 ZBl. S. 433. Außer der Ablegung der Prüfung ist für die Anstellung als Rektor auch die persönliche Qualifikation der betreffenden Persönlichkeit, eine leitende Stellung als Vorgesetzter einzunehmen, erforderlich (Sten. Ber. AH. S. 5429).

Die Frage, welche Funktionen die Rektoren zu üben haben, ist sehr im Fluß. Den neueren Rektoreninstruktionen wird jetzt meist die „Dienstanweisung für die Rektoren an Volksschulen mit 6 und mehr aufsteigenden Klassen in der Stadt Stettin" (ZBl. 1894 S. 598) zugrunde gelegt. In dieser wird den Rektoren vornehmlich auch die Aufgabe zugewiesen, mit dem Publikum zu verkehren. Die Rektoren nehmen auch in weitem Umfange an der Schulaufsicht teil und sind auch in gewisser Beziehung Vorgesetzte der Lehrer (KommBer. AH. S. 440). Siehe auch die Erlasse vom 4. Juli 1889

ZBl. S. 641, vom 25. Juli 1892 ZBl. S. 834, vom 12. Juli 1893 ZBl. S. 714.

Auch die Hauptlehrer haben Leitungsbefugnisse, aber nicht in dem Maße, wie die Rektoren. Daß trotzdem hier Rektoren und Hauptlehrer nebeneinander gestellt sind, beruht auf dem Vorgange des § 2 des Lehrerbesoldungsgesetzes (KommBer. AH. S. 475).

2) Weil, wenn man nur Lehrer zu Rektoren nehmen wollte, die Jahrzehnte am Orte tätig gewesen sind, damit die Freizügigkeit der Lehrer unterbunden und ihre Laufbahn gefährdet werden würde (KommBer. AH. S. 442).

3) Die Vorschrift des Abs. 1 gilt sowohl für diejenigen Stellen, die von der Schulaufsichtsbehörde besetzt werden, als auch für diejenigen, die durch die Wahl der Magistrate besetzt werden, insbesondere auch für die Stadt Berlin und die Magistrate, die weitere Rechte haben. Es ist die Absicht der Kgl. Staatsregierung, dieses Bestätigungsrecht so zu handhaben, daß diesen Bestimmungen des Gesetzes Folge geleistet wird (Erklärung des Regierungskommissars Sten. Ber. HH. S. 522. StenBer. AH. S. 5429).

4) Die abweichende Behandlung der Rektoren- und Hauptlehrerstellen erschien geboten, weil es sich hier um Personen handelt, die Schulaufsichtsrechte auszuüben haben, und ferner, weil es notwendig ist, den Lehrern, insbesondere auch den Landlehrern, die Aussicht auf eine bessere Laufbahn zu eröffnen (Begr. S. 93 u. KommBer. AH. S. 418, 429, 431 u. a. m.).

§ 61.

In den einen eigenen Schulverband bildenden Gemeinden, in welchen bisher die bürgerliche Gemeinde Trägerin der Schullast gewesen ist, und die Gemeindeorgane ein Recht auf weitergehende Mitwirkung bei der Berufung der Lehrkräfte besessen oder eine solche weitergehende Mitwirkung bei der Berufung ausgeübt haben,[1]) bewendet es hierbei. Dasselbe findet in den einen eigenen Schulverband bildenden und unter § 8 Abs. 1 fallenden Gutsbezirken sowie in den unter die Bestimmungen des § 50 Abs. 9 fallenden Gesamtschulverbänden[2]) hinsichtlich des bisher dem Gutsherrn zustehenden Rechtes auf weitergehende Mitwirkung bei der Berufung von Lehrkräften mit der Maßgabe statt, daß dieses Recht durch den Gutsbesitzer ausgeübt wird; ebenso in den nach § 24 aufgehobenen Schulgemeinden (Sozietäten), die ein Recht auf weitergehende Mitwirkung bei der Berufung der Lehrkräfte besessen oder eine solche Mitwirkung ausgeübt haben, und in den Gesamtschulverbänden, denen eine solche bürgerliche Gemeinde angehört. In den beiden letzteren Fällen geht das Mitwirkungsrecht auf den nach diesem Gesetze gebildeten Schulverband mit der Maßgabe über, daß es durch die im § 59 Abs. 5 bezeichneten Organe ausgeübt wird. Diese Vorschriften finden keine Anwendung, wenn die weitergehende Mitwirkung bei der Berufung der Lehrkräfte von der Schulaufsichtsbehörde nur unter Vorbehalt zugelassen[3]) worden ist, oder wenn gegen sie innerhalb der Zeit vom 1. Januar 1900 bis zum 1. Januar 1905 von der Schulaufsichtsbehörde Widerspruch erhoben worden ist.

Darüber, ob die Voraussetzungen von Abs. 1 Satz 1 vorliegen, beschließt die Schulaufsichtsbehörde. Gegen deren Beschluß steht den Beteiligten binnen 3 Monaten bei dem Kreisausschusse, sofern eine Stadt beteiligt ist, bei dem Bezirksausschusse die Klage im Verwaltungsstreitverfahren zu.[4])

Hinsichtlich der Bestätigung, der Ausfertigung der Ernennungsurkunde und der Anstellung finden die Bestimmungen des § 59 Abs. 3 bis 5 sinngemäß Anwendung.

[1]) Die Fälle, daß Gemeinden eine weitergehende Mitwirkung bei der Berufung der Lehrkräfte besessen oder ausgeübt haben, werden sehr selten sein. Im allgemeinen werden Gemeinden kaum ein größeres als das Wahlrecht haben. Eine Ausnahme bildet, wenngleich auch hier die Rechtslage wirklich unzweifelhaft noch nicht festgestellt ist, die Stadt Hannover, wo die Bestätigung nur wegen eines Mangels in der sittlichen und intellektuellen Qualifikation des Lehrers versagt werden kann. Jedenfalls wird die Frage, inwieweit die Rechte einer Gemeinde im Einzelfalle gehen, eine sehr genaue Untersuchung auf Grund des bestehenden Rechts erfordern, und es wird abzuwarten sein, wie das Oberverwaltungsgericht zu dieser Frage Stellung nimmt (KommBer. AH. S. 588, HH. S. 115).

[2]) Vgl. Anm. 3 zu § 59.

[3]) Nach der Erklärung des Vertreters der Unterrichtsverwaltung bei den Verhandlungen im Herrenhause (Sten.-Ber. HH. S. 541) erkennt die Kgl. Staatsregierung an, daß in dem Ausdruck „unter Vorbehalt zugelassen ist“ nur solche Fälle gemeint sind, in denen eine versuchsweise Übertragung einer weitergehenden Mitwirkung

zugestanden ist, während solche Fälle nicht gemeint sind, in denen es sich um die Übertragung unter der Absicht einer längeren Dauer handelt, selbst wenn sie formell unter gewissem Vorbehalte gewährt ist.

[4]) Nach der Erklärung des Regierungskommissars in den Verhandlungen des Herrenhauses, welcher der Unterrichtsminister ausdrücklich beigetreten ist und welche auch seitens des Hauses für zutreffend erklärt wurde, soll das im Abs. 2 in § 61 geordnete Verwaltungsstreitverfahren in allen Fällen des Abs. 1 stattfinden. Wenn nur auf den Satz 1 besonders hingewiesen ist, so erklärt sich das daraus, daß im Satz 1 das Prinzip ausgedrückt ist, wonach über diese Aufrechterhaltung des bestehenden Rechtes das Verwaltungsstreitverfahren stattfinden soll. Damit ist in ausreichender Weise gedeckt, daß auch in den Fällen der Sätze 2 und 3 das Verwaltungsstreitverfahren in Zukunft stattfinden wird und zulässig ist. Sollten sich die Verwaltungsgerichte bei der zweifelhaften Fassung für unzuständig erklären, so soll der Weg der Spezialgesetzgebung beschritten werden, um diese Zweifel zu beseitigen und vollständige Klarheit in diese Frage zu bringen (StenBer. HH. S. 541).

§ 62.

Die Ausübung des Wahlrechts, des Berufungs- (Vorschlags- usw.) Rechts oder die Anhörung (§§ 59, 60 und 61) findet nicht statt, wenn die Besetzung der Stelle durch Versetzung im Interesse des Dienstes (§ 87 Nr. 1 des Gesetzes vom 21. Juli 1852, Gesetz-Samml. S. 465) erfolgt.[1])

Den ohne Mitwirkung[2]) des Berechtigten angestellten Lehrkräften wird eine Vergütung für

Umzugskosten aus der Staatskasse gewährt. Die näheren Bestimmungen über die Höhe der Vergütung werden durch ein von dem Unterrichtsminister in Gemeinschaft mit dem Finanzminister zu erlassendes Regulativ getroffen.[3])

Wo mit dem Schulamt ein kirchliches Amt vereinigt ist, wird an dem bestehenden Rechte hinsichtlich der Berufung zu dem kirchlichen Amte nichts geändert.[4])

Das Verfahren bei der Verwendung nicht voll oder auftragsweise beschäftigter Lehrkräfte[5]) wird durch ein vom Unterrichtsminister zu erlassendes Regulativ geordnet.

[1]) Versetzungen im Interesse des Dienstes können selbstverständlich überhaupt nur durchgeführt werden, wenn der Staat in der Lage ist, Stellen für diese Zwecke in Anspruch zu nehmen.

Auf Grund des § 87 Nr. 1 des Disziplinargesetzes vom 21. Juli 1852 war die Schulaufsichtsbehörde bisher in der Lage, einen Lehrer im Interesse des Dienstes in eine andere Stelle von nicht geringerem Range und etatsmäßigem Diensteinkommen mit Vergütung der reglementmäßigen Umzugskosten zu versetzen, wobei es als eine Verkürzung im Einkommen nicht anzusehen ist, wenn die Gelegenheit zur Verwaltung von Nebenämtern entzogen wird oder die Beziehung der für die Dienstunkosten besonders ausgesetzten Einnahmen mit diesen Unkosten selbst fortfällt.

Es erschien aber notwendig, der Schulaufsichtsbehörde die Möglichkeit offen zu lassen, einen Lehrer, auch da wo disziplinarisches Einschreiten nicht zulässig ist, von einer

Stelle entfernen zu können, ebenso wie dies bei allen Staatsbeamten möglich ist.

Selbstverständlich kann eine Stelle im Interesse des Dienstes nicht freigemacht werden, um eine bestimmte Persönlichkeit hineinzubringen; nur wenn eine Stelle frei ist, kann die Regierung einen Lehrer im Interesse des Dienstes dorthin versetzen.

Erfolgt eine Versetzung im Interesse des Dienstes, so kann der Staat nur die Stelle, in die der Lehrer versetzt wird, für sich in Anspruch nehmen, nicht aber auch die Stelle, aus welcher der Lehrer versetzt wird. Für diese letztere greifen die Bestimmungen der §§ 59—61 Platz (vgl. KommBer. AH. S. 426, 434, 478, Entsch. d. OVG. vom 9. Juli 1901 und 18. Februar 1902 ZBl. 1902 S. 550 und 562/563, sowie Erlaß vom 15. April 1904 ZBl. S. 364).

[2]) Nach der Regierungsvorlage sollten die Umzugskosten dann aus der Staatskasse gewährt werden, wenn die Lehrkraft gegen den Vorschlag der berechtigten Gemeinde angestellt würde. Die Fassung „ohne Mitwirkung" ist infolge eines Beschlusses der Kommission des Abgeordnetenhauses erfolgt, die davon ausging, daß die kleineren Gemeinden nicht in der Lage sein würden, von ihrem Wahl- oder Vorschlagsrecht Gebrauch zu machen, und daß sie demzufolge ohne ihre Mitwirkung, ohne die im Gesetz vorgesehene Beteiligung die Lehrerberufung durch die Behörde würde über sich ergehen lassen müssen. In diesem Falle wäre es genau ebenso gerechtfertigt, als wenn die Mitwirkung infolge ungeeigneten Vorschlages fortfalle, daß die Staatskasse die Kosten des Umzuges trage, wenn die Beteiligten Vorschläge für die Stellenbesetzung nicht machen könnten, weil keine geeigneten Kräfte in der Nähe wären. Im dringenden Interesse der Schulverwaltung liege es, daß die kleineren Gemeinden, die nicht in der Lage wären, von ihrem Wahlrecht den rechten Gebrauch zu machen, einen Antrieb bekämen, in möglichst

umfangreicher Weise auf das Wahlrecht zu verzichten und der Regierung die Möglichkeit zu geben, nach freiem Ermessen die Berufung zu bewirken.

Die Befürchtung des Finanzministers, daß die Gemeinden nunmehr geradezu auf den Weg gedrängt würden, bedenkliche Praktiken zu gebrauchen, um dann mit der Behauptung, daß die Anstellung ohne Mitwirkung des Berechtigten erfolgt sei, die Umzugskosten der Staatskasse aufzubürden, und daß die Landflucht der Lehrer nur in noch höherem Maße begünstigt würde, wurde nicht als durchschlagend anerkannt (KommBer. AH. S. 611—613).

[3]) Vgl. § 22 des Lehrerbesoldungsgesetzes vom 3. März 1897.

[4]) Auch an dem Rechte des Patrons wird also durch dieses Gesetz nicht das mindeste geändert. Es kann von der Schulaufsichtsbehörde kein Lehrer angestellt werden, den er nicht für das Kirchenamt als Patron voziert. Es soll deshalb durch die Ausführungsanweisung dahin Bestimmung getroffen werden, daß die Schulaufsichtsbehörden ein Einvernehmen mit den berufungsberechtigten kirchlichen Instanzen herbeizuführen suchen.

Die Verbindung zwischen dem Kirchen- und Schulamte soll, wo sie besteht, nach Möglichkeit aufrecht erhalten werden; nur im Notfalle soll zur Maßnahme einer Trennung geschritten werden (vgl. die Erklärung des Regierungskommissars bei den Verhandlungen des Herrenhauses StenBer. HH. S. 542 u. des Abgeordnetenhauses StenBer. AH. S. 5840).

[5]) Es handelt sich nicht um einstweilig angestellte Lehrer, d. h. um solche, deren Anstellung widerrufen werden kann, falls sie das Examen nicht bestehen, sondern um kommissarisch beschäftigte Lehrer, oder um solche, die auftragsweise eine Stellung erhalten, d. s. in der Hauptsache solche, die noch nicht definitiv angestellt werden können, weil sie ihrer Militärpflicht nicht genügt haben (KommBer. AH. S. 479).

Sechster Abschnitt.

Schluß- und Übergangsvorschriften.

§ 63.

Alle diesem Gesetz entgegenstehenden Bestimmungen treten außer Kraft, mögen sie in allgemeinen Gesetzen, in Provinzialrechten, Bezirks-, Orts- oder Schulverfassung, Herkommen, Gewohnheitsrecht oder in allgemeinen auf Grund der Gesetze getroffenen Anordnungen beruhen. Auch werden alle bisherigen Rechte zur Ernennung, Anstellung, Berufung, Wahl oder Präsentation von Lehrern und Lehrerinnen an öffentlichen Volksschulen, soweit sie mit diesem Gesetz in Widerspruch stehen, aufgehoben ohne Unterschied, ob sie auf Gesetz, Gewohnheitsrecht, Herkommen oder auf besonderen Rechtstiteln[1]) beruhen.

[1]) Die auf besonderen Rechtstiteln beruhenden Rechte zur Ernennung usw. der Lehrkräfte werden aufgehoben. Auf die Anfrage eines Mitgliedes der Kommission des Abgeordnetenhauses, ob, wenn ein auf besonderem Vertrag beruhendes Berufungsrecht aufgehoben würde, alsdann nicht auch der Berechtigte von der vertragsmäßigen Verpflichtung zur Geldleistung entbunden wäre und Geleistetes zurückverlangen könne, wurde regierungsseitig erwidert, daß durch die Bestimmung dieses Gesetzes, wonach das Vermögen bei der Schule verbleibe, es ausgeschlossen sei, daß eine Rückerstattung des Schulvermögens stattfinde.

Auf die fernere Frage, ob z. B. ein Bischof noch weiter zur Leistung verpflichtet bleibe, wenn er die Unterhaltung einer Schule unter der ausdrücklichen Bedingung übernommen habe, daß er das Lehrerberufungsrecht ausüben dürfe, wurde regierungsseitig geantwortet, wenn es sich in einzelnen Fällen um einen privatrechtlichen Vertrag handele, so könne die Rückerstattung des Vermögens in Frage kommen; darüber habe der Zivilrichter zu entscheiden. Der Gesetzentwurf könne nur insofern eine Rückerstattung ausschließen, als es sich um Vermögen handele, das durch das öffentliche Recht gebunden wäre (KommBer. AH. S. 481).

§ 64.

Die fortdauernde Geltung[1]) der Vorschriften des Gesetzes vom 6. Juli 1885, betreffend die Pensionierung der Lehrer und Lehrerinnen an den öffentlichen Volksschulen (Gesetz-Samml. S. 298), des Gesetzes vom $\frac{\text{14. Juni 1888}}{\text{31. März 1889}}$, betreffend die Erleichterung der Volksschullasten (Gesetz-Samml. S. $\frac{240}{64}$), des Gesetzes vom 27. Juni 1890, betreffend die Fürsorge für die Waisen der Lehrer an öffentlichen Volksschulen (Gesetz-Samml. S. 211), des Gesetzes vom 23. Juli 1893, betreffend Ruhegehaltskassen für die Lehrer und Lehrerinnen an den öffentlichen Volksschulen (Gesetz-Samml. S. 194), des Gesetzes vom 3. März 1897, betreffend das Diensteinkommen der Lehrer und Lehrerinnen an öffentlichen Volksschulen (Gesetz-Samml. S. 25), des Gesetzes vom 4. Dezember 1899, betreffend die Fürsorge für die Witwen und Waisen der Lehrer an öffentlichen Volksschulen (Gesetz-Samml. S. 587), wird durch dieses Gesetz nur insoweit berührt, als an die Stelle der bisher zur Aufbringung des Diensteinkommens, des Ruhegehalts, des Witwen- und Waisengeldes, der Beiträge zu den Alterszulagekassen, Ruhegehaltskassen, Witwen- und Waisenkassen usw. verpflichteten Schulverbände, Schulsozietäten, Gemeinden und Gutsbezirke die nach diesem Gesetze gebildeten Schulverbände treten.

[1]) Die in § 64 bezeichneten Gesetze sind mit Ausnahme des Lehrerbesoldungsgesetzes ausdrücklich mit einer zeitlichen Beschränkung, nämlich bis zum Inkrafttreten des Schulunterhaltungsgesetzes, erlassen. Durch den § 64 ist diese zeitliche Beschränkung weggefallen (StenBer. AH. S. 5322).

§ 65.

Soweit in diesem Gesetze nichts anderes bestimmt ist, bleiben die der Schulaufsichtsbehörde und den Schulverbänden nach dem bisherigen Rechte zustehenden Befugnisse unberührt. [1])

Die Aufhebung öffentlicher Volksschulen bedarf der Genehmigung des Unterrichtsministers oder erfolgt auf seine Anordnung. [2])

[1]) Der Absatz 1 bestimmt lediglich, daß in der Abgrenzung der Befugnisse der Schulaufsichtsbehörde und

der Schulverbände, soweit das Gesetz nicht ausdrücklich etwas anderes bestimme, eine Änderung nicht eintrete, nicht aber etwa, daß, da in diesem Gesetze die Gemeinden zu Schulunterhaltungspflichtigen gemacht würden, die Wahrnehmung der Aufsichtsrechte an die Kommunalaufsichtsbehörde übergehe.

Nicht nur die auf Gesetzesrecht, sondern auch die auf Gewohnheitsrecht beruhenden Befugnisse bleiben aufrecht erhalten (KommBer. AH. S. 481, 482).

[2]) Der zweite Absatz entspricht dem geltenden Recht (vgl. Erlaß vom 20. Februar 1893 ZBl. S. 355). Die Aufhebung wird notwendig, wenn z. B., wie es wiederholt vorgekommen ist, Gemeinden die Auflösung von Zwergschulen mit 8 oder 9 Kindern verweigern; hätte die Schulaufsichtsbehörde nicht das Recht, diese Schulen aufzulösen, so müßte der Staat sie bestehen lassen, obwohl er sie für nachteilig hält, und er müßte obendrein noch Zuschüsse zahlen. Dies dem Staat zustehende Recht ist aber kein schrankenloses, denn er ist verpflichtet, für die ordnungsmäßige Beschulung der Kinder zu sorgen. Darin liegt eine sichere innere Grenze für die Entschließungen der Unterrichtsverwaltung (KommBer. AH. S. 482).

§ 66.

Soweit den bestehenden Schuldeputationen und Schulvorständen außerhalb des Gebiets des öffentlichen Volksschulwesens bisher auf Grund von Beschlüssen der Schulverbände die Verwaltung anderweiter Schulangelegenheiten[1]) zugestanden hat, können solche durch Beschluß der Schulverbände auch den auf Grund dieses Gesetzes gebildeten

Schuldeputationen und Schulvorständen übertragen werden.

Soweit den bestehenden Schuldeputationen und Schulvorständen außerhalb des Gebiets des öffentlichen Volksschulwesens bisher auf Grund der Gesetze oder der Anordnungen der Staatsbehörden Schulaufsichtsbefugnisse zugestanden haben, ist die Schulaufsichtsbehörde berechtigt, diese fortan selbst auszuüben oder auf die ihr nachgeordneten Organe oder bis zur anderweiten gesetzlichen Regelung den nach diesem Gesetze gebildeten Schuldeputationen und Schulvorständen ganz oder teilweise zu übertragen.[2])

[1]) D. h. solcher, welche nicht das Volksschulwesen betreffen, z. B. Mittel-, Real- und höhere Mädchenschulen.

[2]) Der zweite Absatz begründet sich aus der Erwägung, daß die Schuldeputationen neu organisiert und sich zum Teil über einen größeren Kreis von Orten ausdehnen werden und daß auf diese neuen Schulbehörden die den bisherigen außerhalb des Gebiets des öffentlichen Volksschulwesens zugestandenen Schulaufsichtsbefugnisse übergehen würden, z. B. die Aufsicht über die Privatschulen. Dies wollte und konnte aber die Staatsregierung nicht generell zulassen, mußte sich vielmehr vorbehalten, von Fall zu Fall zu prüfen, ob den neuen Schuldeputationen bzw. Schulvorständen diese Aufsicht übertragen werden könnte (KommBer. AH. S. 482/483).

Wenn in Städten, die bisher gemeinsame Deputationen für Volks- und Mittelschulen hatten, nach Absatz 1 besondere Verwaltungskommissionen für Mittelschulen eingerichtet werden, so wird die Schulaufsichtsbehörde zweckmäßig diesen und nicht etwa den Schuldeputationen oder Schulvorständen auch die Schulaufsichtsrechte über die Mittelschulen übertragen (KommBer. HH. S. 129/130 und StenBer. HH. S. 524).

§ 67.

In dem vormaligen Fürstentume Hohenzollern-Hechingen werden die Schulverbände der Ruhegehaltskasse für den Regierungsbezirk Sigmaringen angeschlossen.[1])

[1]) Bisher werden hier die Ruhegehälter für die Lehrkräfte an den öffentlichen Volksschulen vom Staat gezahlt. Diese fiskalische Leistung fällt nach § 32 fort. Die Schulverbände müssen daher (vgl. § 23 des Gesetzes vom 23. Juli 1893 GS. S. 194) einer Ruhegehaltskasse angeschlossen werden (Begr. S. 102/103).

§ 68.

Der § 18 des hannoverschen Gesetzes, das christliche Volksschulwesen betreffend, vom 26. Mai 1845 (Hannov. Gesetz-Samml. I S. 465) und der § 42 der lauenburgischen Landschulordnung vom 10. Oktober 1868 (Offizielles Wochenblatt für das Herzogtum Lauenburg 1868 S. 441 flg.) werden aufgehoben.[1])

[1]) Es handelt sich um die Aufhebung besonderer schulgesetzlicher Bestimmungen, welche die Anstellung einer zweiten und weiteren Lehrkraft von einer größeren Schulkinderzahl abhängig machen, als sie nach den für die übrige Monarchie bestehenden Grundsätzen erfordert wird,

und die deshalb im Interesse der Einheitlichkeit zu beseitigen sind (Begr. S. 103).

§ 69.

Dieses Gesetz findet keine Anwendung auf Garnisonschulen sowie auf Schulen, welche mit Anstalten verbunden sind, die anderen Zwecken als denen der öffentlichen Volksschule dienen,[1]) und solche Schulen, die seitens des Staates aus nationalpolitischen Rücksichten lediglich aus Staatsmitteln errichtet und bisher unterhalten worden sind.[2])

[1]) Es gehören dahin z. B. Seminarübungsschulen, Gefängnisschulen, Taubstummen- und Blindenschulen (Begr. S. 103).

[2]) Der Zusatz „und solche Schulen, die . . . . ." ist auf Grund eines Beschlusses der Kommission des Herrenhauses aufgenommen. Ihm liegen die oberschlesischen Verhältnisse zugrunde. Es wurde geltend gemacht, wie es gerechtfertigt scheine, daß für diese Schulen, die ohne Mitwirkung der beteiligten Schulinteressenten begründet und erhalten worden seien, auch ferner die Interessenten nicht herangezogen würden. Der Staat werde dadurch nicht mehr belastet als bisher, die Kosten würden aus dem Polenfonds in Oberschlesien bestritten (KommBer. HH. S. 118). Schon bei Besprechung des § 32 hatte ein Mitglied der Kommission des Herrenhauses die Anfrage an die Staatsregierung gestellt, wie es künftig mit den fraglichen seinerzeit in Oberschlesien gegründeten Schulen zu halten sei, die, wie z. B. in drei Fällen im Kreise Falkenberg, unter Widerstreben der Interessenten errichtet seien, worauf ihm seitens des Vertreters des Kultusministeriums erwidert worden ist, daß solche gegen den Willen der Schulunterhaltungspflichtigen gegründeten

Schulen nicht an die neuen Schulverbände übergingen (KommBer. HH. S. 59/60).

§ 70.

Auf die Provinzen Westpreußen und Posen findet dieses Gesetz keine Anwendung.[1][2]

[1] Der Ausschluß der Provinzen Westpreußen und Posen von dem Geltungsbereich des Gesetzes ist erforderlich, um bei der herrschenden nationalen Spannung in jenen Landesteilen eine weitergehende Beunruhigung zu vermeiden, wie sie mit der Neuregelung dieser wichtigen Verhältnisse des öffentlichen Lebens infolge der eintretenden Verschiebung der Lasten und der Veränderung der Verwaltungsorgane untrennbar verbunden sein würde (Begr. S. 103).

[2] Bei der zweiten Beratung des Gesetzentwurfes hat das Abgeordnetenhaus folgende Resolution angenommen:

„In Anbetracht dessen, daß auch in den Provinzen Posen und Westpreußen große Härten und Ungleichheiten bei Aufbringung der Schullasten bestehen, wird die Kgl. Staatsregierung aufgefordert, baldmöglichst einen Gesetzentwurf vorzulegen, der die Schulunterhaltung in den genannten Provinzen in gerechter Weise regelt und die dortigen besonderen nationalen Schwierigkeiten berücksichtigt."

(StenBer. AH S. 5324 und 5336.)

§ 71.

Das Gesetz tritt mit dem 1. April 1908 in Kraft.

Indessen ist schon vor diesem Termine mit der Bildung der Schulverbände und ihrer Organe und mit der Regelung ihrer Vermögensverhältnisse so rechtzeitig vorzugehen, daß die Schulverbände die aus diesem Gesetze sich ergebenden Rechte und Pflichten am 1. April 1908 übernehmen können.

Die Verwaltungs- und Verwaltungsgerichts- (Beschluß-) Behörden üben dabei die ihnen nach diesem Gesetze zustehenden Befugnisse aus.

Urkundlich unter Unserer Höchsteigenhändigen Unterschrift und beigedrucktem Königlichen Insiegel.

Gegeben Odde, an Bord des Dampfers „Hamburg", den 28. Juli 1906.

(L. S.) Wilhelm.

Fürst v. Bülow. Gr. v. Posadowsky.
v. Studt. Frhr. v. Rheinbaben. v. Podbielski.
v. Bethmann-Hollweg. Delbrück. Beseler.
Breitenbach.

Sachregister.

(Die großen Zahlen bedeuten die Seiten, die kleinen die Anmerkungen.)

A.

H.

L.

M.

N.

O.

W.

Druck von Georg Reimer in Berlin.

FSC
www.fsc.org
MIX
Papier | Fördert gute Waldnutzung
FSC® C083411

Kolibri 360 GmbH
Ferdinand-Jühlke-Straße 7
99095 Erfurt, Deutschland
produktsicherheit@kolibri360.de